金庸說：
兩個都喜歡，便是一個也不喜歡！

心理學大師
不輕易說出的喜歡與不喜歡的秘密！

逆向思考心理學

林郁　主編

前言

如果說喜歡一個人想追求對方，一定要門當戶對、條件相同、學經歷也一致的話，那麼相信很多人還沒出征，就會打起退堂鼓了，那也只能站在一旁「望梅止渴」了……

其實，一味把自己論斤減兩的算計，你就會永遠輸在起跑點了，甚至永遠也上不了路！不過，也有些人是屬於「異類」，他們若想喜歡一個人，就會毫不猶豫地撲了過去，這等「勇敢」的勁頭，在旁人眼中無異是「飛蛾撲火」的自取滅亡，可是想不到沒多久卻看到這傢伙已贏得伊人芳心出入成雙了，這可真叫人大跌眼鏡，悔不當初了……

在心理專家看來，這實在一點也不奇怪，因為人與人之間就是要「接近」才會產生「效果」的，看上一個人先不管是不是對方的菜，就要有上得了枱面和對方對決的勇氣，即使一時間被對方拒絕，也會在對方心裡產生「那個人說喜歡我！」的印象！

久而久之，拒絕就不會再那麼強烈了，這就是所謂的「好女也怕賤男磨」，更何況你又不是「賤男」，因此只要懂得心理學的技巧，遲早你還是會逮到你所喜歡的人……

關於兩個人會連結在一起的原因，由於對方都不是各別心中描繪的理想對象，到底是什麼原因，讓兩個人會連結在一起呢？就算不是心理學家，只要有想讓他人喜歡、想擁有戀人的念頭，大概都會想去思索一下其中原因呢！在對人心理學中，有所謂對人魅力的一個領域，而在這個領域中，正好就是在研究人得到他人喜愛的原因，和這個原因的發展過程。

喜歡一個人或是厭惡一個人是切身的問題，同時，就群體、社會的生活而言，也十分重要，和人之間的感情狀況，對愉快生活以及微笑工作來說都是重要的關鍵。

即使是簡單的工作，一旦和討厭的人扯上關係，事情就會變得複雜、情況就會變得惡劣。相反地，就算是棘手的事、麻煩的事，只要和喜歡的人一起，就可以快樂，甚至感覺充實地渡過。

如果因為閱讀了這本書，而使得你本身對追求對象在情感方面有所啟發的話，那就真是「值回票價」了，謝謝！

目錄

Content

1

沒有見面就不會取得好感——接觸法則

2

若被人喜歡，自己也會喜歡對方

3

人會喜歡讚賞自己的人

4

滿足對方的欲求，他就會對你心生好感

5

每個人都會喜歡和自己同一國的人

6

「喜歡」的心理很奇妙

7

當不預期的戀愛產生時

Part 1

沒有見面就不會取得好感——接觸法則

就算想著——「想要談戀愛，想要有知心的朋友」，

若是沒有機緣巧遇，一切都是空談。

不要再感嘆自己的不得人緣、缺乏魅力，

試著去換個單身異性較多的工作場所是辦法之一。

或者，搬到心上人的家附近，如此一來見面機會就增加，

說不定可以因此獲得芳心也未可知，頻繁的見面，

在他工作或住家的附近出現，這些絕對會有莫大的成效。

Chapter 1.

廣受歡迎的理工系女生！

——人數比例的效應

交不交得到男女朋友，其工作場所、或是就讀學校的男女比例，都是一大因素。

如果問一個小女孩：「將來長大想做什麼啊？」

「我要當幼稚園的老師啊！」小女孩帶著微笑如此回答。

得到的回覆中會有很多這樣的答案，即使是女學生，也會覺得照顧可愛小孩這種工作是極具魅力的，就算是在現今兒童數量日減，幼稚園逐漸變少的狀況下，還是有很多以成為保姆為志願的女孩子，這其中，能夠達成心願成幼稚園保姆的人，可以說是十分幸福的人吧！

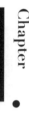

不過，這些人一旦就職兩三年後，就會突然發覺到保姆這種職業的陷阱，保姆在考慮要結婚的時候，會發現周圍沒有一位年齡合適自己的男性，周遭有的只是小孩和小孩的父親——已經結了婚的人，日常生活範圍之中，幾乎沒有遇見單身男性的機會，從男女人數比例效應來看，交到男朋友的機會被相當地限制著。

同樣的情況也發生在男性的身上，男孩喜歡機械、電氣、電腦，只要電子遊戲有新的遊戲軟體一發表，不管是大人或學生即使不去上學、上班也要排隊去買，可是，仔細觀察的話，會發現隊伍之中幾乎看不到女孩子，相對於男孩子對電腦遊戲的狂熱，女孩子對電腦遊戲是，「實在搞不懂那有什麼好玩的，還鼓噪成這樣？」

接下來，喜歡機械、愛好理科的男孩會進入大學的理工系就讀，讀理科的人一直被給與「頭腦聰明」的評價，不過，班上很可能是一個女同學也沒有，沒有異性，當然就無法有戀情發生了，不久，理工系的男同學從學校畢業、自立，成為了工程師，或是研究員，然而，在工作場所中也看不到年齡適合自己的女性。

交不交得到男女朋友，日常生活中能碰到的男女人數比例，就成了很重要的一個因素。換句話說，就是工作場所或學校中男女人數比例的效應，因為這樣，在上述這類的工作場所中，要交到男女朋友的可能性就變得微乎其微。

相反地，進入理工學系、經濟學系之類科系就讀的女大學生就很幸福，無論何時，都有男同學圍繞在四周，而且，出了社會工作後也是如此，在單身男子為數眾多的工作場所中，女性大概總是常為回絕邀約而大傷腦筋吧！

當然，以上的情況都是發生在我大學的年代，目前這些情況已不復見，選擇什麼科系已經不分男女了，女性的時代早已來臨了。

不過在考慮過這樣的人數比例效應之後，我想給那些本身個性內向、因而被交不到男女朋友的情況困擾著的人，這樣的一個建議：「雖然努力改變自己的個性也是必要的，但是如果採用換個工作場所的方法，也可以解決你的煩惱哦！」

個性內向的女孩子，與其如跳蚤般在男性較多的工作場所中換來換去，倒不如讓人感覺自己典雅高尚。純真無邪，因為這樣的女性，更有可能得到多數男性的青睞。

心理專家建議：要交到男女朋友，就往同性較少的地方去。

Chapter 2.

用電腦找戀人可行嗎？

──工作場所中男女比例的影響

我曾聽到自小在日本長大的姪女說：「東京女子大學和慶應大學兩所大學我都被錄取，如果是以學習為考量，東京女子大學是較好的選擇，但如要尋找結婚對象的話，就以慶應大學為佳，所以呢，我就選擇了進入慶應就讀，畢竟，將來的安定與否比較重要。」

剛進慶應大學的女學生明確的說出這樣的話，我一面聽一面在想：要是慶應大學的教授們聽到這些，不曉得會是怎樣的表情？

這個頭腦聰明的姪女，清楚地意識到擁有戀人和結婚對象的重要關鍵，我不知道她是否認為：與其自己去和男人爭天下，不如去逮個會爭天下的男人，這樣才更划算啊！因此，既然是明確地以尋找未來伴侶為志向的話，照著這個方針去進行也無妨不是嗎？只不過，有很多人在很多時候，無法這樣輕易地想通或做出決斷。

在社會中有很多類似上文所提及「保姆」和「工程師」情況的工作場所存在，不過，也不能因為找不到對象就換掉自己目前的工作。

就好像目前網路的發達一樣，人人都在電腦前面沉迷，包括交友也一樣，在網上談得不亦樂乎！而實際上在日常生活中卻沒有可以連絡的女性，也沒有以自己聲音去打招呼的對象，這實在是很諷刺的一件事！

另外，對喜歡照顧小孩的女性而言，沒有可以照顧自己小孩的結婚機會，也可以說夠諷刺了吧！

不過，最近幾年這樣的熱心人已經越來越少了，由於社會的趨向地域性密集，再加上年輕人對對象的要求也越來越多樣化，已不是以往的人能夠處理的了。

婚友社就注意到了這一點，以前是七零八落在做的工作，現在，正朝著精細的電腦作業，將個人資料、喜好、要求對象條件一一輸入分析配對。工作場所的周圍缺乏異性的人，利用這類的婚友社來聯誼也是方法之一，或多或少，人們會覺得這類的認識異性方式有點過於人工化……

「如果找對象要找到這種地步，那我也不要結婚了。」

我想也會有這樣的自負心理，可是，如果把它想成是一個機會的話，那就好機會越多，就越能遇到合適的對象，儘管如此，約了會、見了面之後，就是對方和自己的事了，婚友社的任務完成了，以後兩個人之間的關係與發展，要由兩個人來決定才行。

心理專家建議：偶遇的機會，也要毫不猶豫的加以利用，不要過了這個村，沒了那個店。

Chapter 3.

自認爲是個沒有魅力的人？

——將原因歸屬錯誤的影響

朋友是由距離決定，戀人是由男女比例決定，諸如此類，到此為止也強調過決定人際關係的物理性環境，我想一定有很多人對這種說法不以為然，「人與人之間的關係，不針對心理來討論，反而說些『距離』、『人數』之類的，這是輕視人類心理的一種做法，真是太不像話了。」——也許會有人生氣地這麼認為也說不一定。

不過，心理學者被分派到的任務之一，就是像這樣的把人們沒有注意到的一些事實彙集起來，讓真正的原因變得顯而易見。

例如，有人一直為交不到朋友所苦惱，也有年輕人沒有半個戀愛的對象，這樣的年輕人，大致上都是實在、認真的好青年，不過，就是因為這樣的老實、真誠，才會有交不到戀人的煩惱。

「我這人好像沒什麼魅力，所以得不到別人的好感。」

「因為我是個不會喝酒、老是一本正經、又不會說些花言巧語，所以無法交到朋友。」

他容易把沒有朋友、戀人的原因，歸咎於自己的個性和拙於口才方面的才華不足而感到苦惱不已，一旦如此，就越發的想法消沈了，自己的性格和口才的訓練，並不是一朝一夕就可以改變的，因而，在和別人見面的時候，就會有「一定又會被人嫌惡」的這種想法產生。

「反正不能了解對方的喜好到底是什麼，在毫無把握的情況下，還是不要見面好，免得到時又惹人厭，反而更失落了。」

他會有這樣的想法，難得的好機會也就因為他的逃避而溜走了，如此一來，自己放掉了機會，理所當然地，也就交不成朋友或是戀人了，這正是一個惡性循環。

沒有朋友、戀人，全是因為自身錯誤的想法使然，是造成這種惡性循環的開端，雖然自我反省是好事，但什麼都歸咎於自己的這種想法，實在令人無法苟同，因為照這樣下去，只會讓自己的活動空間變得更窄小。

交不到朋友或是戀人的人，「說不定是距離的緣故」或「好像是工作環境讓自己作息習慣的關係。」這麼認為，根據存在於環境要素中的一些原因而決定，「那麼，就改變一下環境或調整一下作息的習慣吧！」

做此改變，就可以助自己一臂之力，就可以向外擴展自己的活動空間。於是，藉由「交不到朋友的原因和自己個性無關」的這種認知，也就可以讓自己從此擺脫自找嫌惡，和之前錯誤想法所造成的深淵。

就心理學的觀點，考慮一件事發生原因的所在，我們稱之為原因的歸屬，於是，錯誤的原因歸屬行為，我們就稱之為「歸屬錯誤」。

對那些由於錯誤歸屬而陷於困惱之中的人來說，讓他們能了解真正原因、能積極的去行動，是強調「距離」或是「作息習慣」的理由之一，確實地自我反省的人，會比較容易陷入歸屬錯誤的境地，「交不到朋友或戀人的原因，是因為環境因素的關係」這樣的觀點轉變，對他們來說是十分重要的。

自己的個性或是才華的特徵不是那麼輕易可以改變的事，不過，行為模式卻是可以從今天起著手改變，心裏抱持著「在哪裏找到對象的機率比較高？」的這種想法，眼光就會朝外面世界開始尋找，對個性內向、閉塞，愛自我反省的人來說，這種觀點的轉變是特別重要的一件事。

心理專家建議：無法找到對象時，就改變一下環境或作息吧！

Chapter 4.

真想殺了住在樓上的人！

——接近的負面效果

由於近年來的住家，大都會採用木製的地板，給人感覺較乾淨溫暖，不像磁磚冷冰冰的，也不像地毯容易囤積灰塵衍生細菌，可是如此全然不同的麻煩糾紛也就此產生，木板和地毯不同，無法吸收聲音，因為樓上的聲響都會傳到樓下。所以住在下面的人就會陷於吵雜之中，在這其中，有些人會認為，「照一般室內走路方式，應該不會造成這麼大的音量，上面的人一定是故意的，不會錯！」

除此之外，就算是獨門的住宅，也像現代的都市一般，鄰居彼此距離相近緊連一起，冷暖氣機這類的生活聲響，也成為了糾紛的原因。

這些例子，就是近距離接觸效果的相反，由上述例子得知，太過接近不但不會有好感，還會產生嫌惡，可以說是近距離接觸的反效果。

我們追求想望過著快樂安適的生活，但是，在現在的都市生活中，壓力和糾紛到處充斥著，想要十分快樂安適是做不到的，因為這樣，現代人就想在自己家中、房間內這類私人空間，過著自己想要的快適生活。

對那些對生活造成威脅的行為或是造成干擾的噪音，內心有著極度的不滿！換言之，就是對做出這些行為的人，會有強烈的憤怒和厭惡感。這種忿怒是非常原始的直覺衝動，這就好像在後面會提到的，是來自於人類對自己所屬勢力範圍的本能反應。

因此，和鄰居的相處，比起近距離接觸的效果，必須要對近距離接觸的反效果更為注意才行，自己不加注意，就會吵到別人，會有很多因為日常聲響而使得鄰居產生強烈憤怒的情況，和抱著如此不滿情緒的人，再怎麼地接近，再怎麼碰面，他也不會對你產生好感，可能只會增加他對你的嫌棄和厭惡。

心理專家建議：與人相處要將心比心，己所不欲、勿施於人。

Chapter 5.

商務旅館型的宿舍大受歡迎！

——私生活的重要性

說到大學的學生宿舍，真是一分錢一分貨，在以前是兩個人或四個人住一間，然而，近幾年來，這種型態的宿舍已不受歡迎，沒有人氣了。

因此，私立大學校方就把宿舍加以改裝使之更現代化，而房間也改裝成配有電視、電話等設備、如同商務旅館形式的單人房，改裝之後，有很多人都不在乎費用貴了，都想登記搬入宿舍，這讓有關的人士驚喜不已。

雖然設備獲得好評也是其原因，不過對學生而言，再怎麼樣的好與不好，因為是單人房，就不會有房間與人共用之拘束，而可以自由自在地生活，這是最令他們滿意的一點。

在現今，年輕人對有關自我空間這檔事也十分敏感；自己和他人的地界會明確清楚的劃分，由於這樣明確的勢力範圍意識，在雙人房間中要與對方共同快樂的生活是非常困難的事。因為這種情形必然是兩個人使用同一房間，沒有僅屬於自己的空間，對沒有私人空間就無法安心的人來說，共同擁有的這種情況，讓他彆扭、不安，在他心中也會累積著不滿。

因此，就產生了將房間內的空間一分為二，設定大略界限的這種生活。不過，隨著這樣的劃定界線和釐清各自所屬空間，新的問題又因而產生，那就是：無論如何的引線為界，在這麼窄小的空間內，生活再怎樣地注意，互相侵犯到彼此界地的情形還是會很頻繁，一旦發生，被侵犯的一方就會有勢力範圍，也就是個人空間被對方侵犯了的這種強烈意識反應，對這種勢力範圍的侵犯，會感覺到強烈的憤怒，之後，對這個侵犯者就會有嫌惡的感覺產生。因為對室友感到憤怒，也會變得討厭這個人。

雖然自己在進入他人的界地內是不經意的，不會有強烈的感覺，但對別人而言，其勢力範圍被侵入時，卻會產生強烈的抗拒心理，因為像這種心理上的反抗，是非常原始的本能反應，所以就算在理智上能了解於狹小房間中，彼此進入對方所屬空間並無妨礙，可以理解對方的侵入行為，心理還是會產生反感。

在比較行為學上，正盛行著各種動物劃分勢力範圍的研究，在魚類的研究中，在進入繁殖期的金魚，對進入自己所屬範圍內的其他雄魚會有猛烈的攻擊行動，另外，在猴群中，只要其他的雄性猴隻欺近猴群首領的近身之處，猴群就會對其展開最為猛厲的攻擊。

對這些擁有勢力範圍觀念的動物而言，這種勢力範圍被入侵，即採取反射性攻擊的行為模式，是與生俱來的本能，而這樣的本能性質的行為模式在人類身上也是如此。

即便是微不足道的侵犯，也會讓對方發怒，例如，在隔壁的桌上放置物品之類，擅自借用一下置物櫃等等，雖是雞毛蒜皮的小事，也會觸發對方本能性的不高興，在不知不覺中招致怨恨，和室友間的相處關係，特別注意不要做出任何微小的侵犯行為，是一件十分重要的事。

不過，雄性魚或是猴群首領對雌性的侵入所屬範圍行為，卻都有著無比的寬容，甚至歡迎，也就是說，禁止入侵的個人所屬範圍僅僅針對同性，對異性而言，當然就變成了愛的所屬範圍了。

邀請男友或者女友到自己房間的這種行為，是對對方有好感的表現，所以在「房間裏請不要拘束，可以任意地活動！」一旦進行到這種程度，大概就可以說這兩個人是相當要好的戀人了。

心理專家建議：感情親密還是要守禮儀，要有分寸，不要做出侵犯到他人私人空間的行為。

Chapter 6.

距離是好感與否的晴雨計！

——私人空間

母親因為孩子的房間太過雜亂，出於善意，在孩子回到家之前做了一番掃除整理，身為母親的人心想著孩子回家後，一旦看到變得整潔的房間，一定會十分高興並對自己充滿感激，然而孩子一回到家看見了收拾過的房間，反而怒氣沖沖地——

「這是我自己的房間，你不要任意地整理啦！」

「你看！桌上的東西都被你弄得亂七八糟了！」

明明是整理得乾乾淨淨，怎會被說成弄得亂七八糟……

很遺憾的，母親的滿心期待被辜負了。

我們都有自己既有的空間，而在這個空間裏我們認為自己可以任意活動，並且不願被人打擾，我們希望能夠完全照著自己的意思來主宰這個空間，在那裏，任誰都是排外的、專制的，即所謂的獨裁者。

因此，即使是基於善意，只要擅自進入的話，也會先引起對方的憤怒，在我們每一個人的周遭，這樣的既定空間不僅只有一個，雖然看不到，它依然無所不在，因而，獨占的程度就有各別不同的差異。首先，最明確勢力範圍分界就是自己的身體，若自己身體被任意地拉扯、觸碰，大概不論是誰都會有憤怒的情緒產生吧！

在混亂擁擠的火車或公車內，會有人無傷大雅地推擠前面的人，雖然以為前面的人大概不會察覺，然而前面的人卻反射性的回過頭來向推擠的人狠狠地瞪了一眼，我們可以看到，當身體空間被侵犯時，這種反射性動作是理所當然的。

即使身體沒有被碰觸到，在非常近身處有人的時候，也會好像某些行動自由受到限制而感覺不太舒服！會感覺到不快是因為下述原因：人自己身體的周遭，存在著身體伸展的個人空間，而這個空間和身體一樣不願被他人侵犯，我們會當它是自己的既定空間，它被稱為是私人空間。雖然隨著人的不同而或多或少有所差別，但大致是以自己身體為中心的半徑一、二公尺內的領域，一公尺和二公尺之間的差距很大，但是這是由於人的不同所存在的差異。

一般而言，外向的人和人空間範圍的半徑較小，內向的人則會較大，面對他人時的距離也是如此，和內向的人交往時，多少都會有疏離的感覺，而和外向的人交談時，應該就可以順利地進展！

而且，男性和女性比起來，他的私人空間會比較寬廣，以身體為中心呈橢圓形狀，這大概是因為和同為男性的朋友交往時，男性不太會從正面接近，而在和女性朋友交談時，他會靠近一步而形成了這種因人而異的適度對人距離，使得他的私人空間範圍呈現橢圓的形狀。

這些私人所屬的空間範圍，雖然排斥他人，但並非全部的範圍都不可以讓任何人進入，當自己對一個人有好感的時候，對方進入自己的私人界定是被允許的，允許對方進入自己的獨占空間，是對對方有好感的證明，這麼說來，二人之間的距離遠近，可以說是好感與否的測量器，在和對方的身體接近的時候，根據當時被允許的距離程度，就可以知道對方對自己的好感程度了。

心理專家建議：想要追求對方，首先就是要突破對方的私人領域吧！

Chapter 7.

「下次再會囉！」

——單方接觸的效果

在景點旅遊或登山時，會有一些行程相同的陌生人，在旅遊的定點地方休息，因此在這些地方，會常常和這些人碰面，在四周全部是陌生人的環境下，同一張面孔一旦看了三次、四次，心裏在不知不覺中會漸感親切，當再次出發時，就會想和他們打聲招呼，「下次再會囉！」

像這樣，僅僅單方面見過那人幾次面，就會對那人感覺親切，心有好感的這種心理，在對人心理學上稱為「單方接觸效果」，一般而言，一旦和他人見面，就會有交談、共事、共遊等等這類的共同行動，也會有相互的言語或是行為產生，這就是所謂的相互接觸作用，與之相對的單方接觸，沒有上述的情況產生，僅僅是單方面的看見對方，僅有單方面地見過對方幾次，而因此心生好感，這是單方接觸效果的一個重要關鍵。

然而，在近處生活使之心生好感的所謂「接近效果」，實際上可以說是隨著單方接觸效果而產生的，一旦常在左右，碰面的機會就會自然增加，如果工作場所相同的話，不管願不願意，大概一天都會見到好幾次面吧！這樣的單方接觸，就是連結起兩人相互好感的橋樑。

當然，若是那種從一開始就覺得討厭的類型，那就回天乏術了。不過，如果不是這種情況的話，接觸的次數就很重要，彼此照面親切感就會增加，即使不覺得親切，也會有好感產生，「哪有這種事？」說不定有人會這樣地半信半疑，但是，在心理學的實驗中，曾試著設定一個多次與同一人碰面的狀況，就碰面次數和對此人的好感程度加以調查，結果兩者之間的關係，是呈現令人驚訝的正比，我想至少在剛開始的人際關係中，這種單方接觸所產生的效果可以認定是非常大的。

那麼你是不是有那種不知為何，在只見過二、三次面後，心中就會感覺親切、產生好感的感覺呢？這是因為我們在面對未知的事物時會有強烈的不安和恐懼感，不論怎樣的事，在第一次著手的時候都曾不安、緊張，然而在第二次、第三次之後，這種不安就會消失無蹤。不安消失、感覺心安的時候，親切感就會自心中湧起，好感也就因而產生。

總而言之，即使第一次見面進行得不順利，和此人的關係也不要就此放棄，有很多人一旦見了第二次面後，心中的印象就完全改觀了，若心中一直惦著這個人，不要放棄，再和他見個兩、三回。

心理專家建議：要變得親近熟稔，反正把兩張臉湊在一塊，讓它們對著就沒錯。

Chapter 8.

彼此互有往來就會心生喜歡……

——相互作用效果

「我的電腦今天好像在鬧情緒哦！」

辦公室常常會有素來冷靜的ＯＬ，一個人這樣自言自語地說著。

其次，雖然對手是不會有喜惡感覺的電腦，但當手忙腳亂地在使用有應對時，就會把對手想成了人類，自然而然地在和他們打交道，如此一來，對電腦也變得會有喜惡的感情：「我和這部電腦八字很合哦！」

我們一旦和任何人應對，交往（在心理學上，這種交往稱為相互作用），就會對這個人有感情，因為就連對電腦都會有情感反應，所以在對手是人類的情況下，對對方有感情是理所當然的，縱使是公式化的來往，在這其中也必定會有感情溶入。

那麼，一旦二個人之間的相互作用再三運作，二個人彼此之間會產生怎樣的感情呢？社會學者佛曼如說：「彼此相互作用的運作愈多；就是說往來愈頻繁，彼此就會越有好感。」

不過，一想到那些平日在同一工作場所中令人不快，或在同一團體中讓人討厭的人，我想會有很多讀者認為這種說法太過樂觀，雖然我亦有同感，不過佛曼如所指的是「就基本而言，相互作用會互生好感」，這個論點的理由是：和人來往，對人類來說是快樂的（此為報酬），受到報酬的次數越多，對報酬的始源——對方就會變得有好感。

換言之，在來往愉快的場合下，來往次數愈頻繁、好感就愈增加，友情或愛情就愈深，前面提及的接近效果，大概就可以說是：只要接近對方，來往的機會就多，相互作用的效果就會有所運作。

那麼，在討厭對方的情況下又是如何呢？根據佛曼如所言，人在這種來往不愉快，甚至厭惡的時候，會有逃避的行為，因而，就不會來往了。

總之，令人厭惡的交往是不會持續的，依這種觀點想來，既然交往能再繼續，這樣的交往總歸起來，或多或少都會是愉快的。

雖是這麼說，不過我們實際的體驗，是有很多時候不得不和討厭的人來往、打交道，有很多時候，雖然想要逃避和某人來往，卻逃避不了。一般來說，在工作場所大概不能像佛曼如說的那樣，覺得討厭的話就不要來往，不妨想一下，為何不能避免？為何不能停止那些討厭的來往？從內心深處，或許就會因此對對方產生好感。

心理專家建議：喜歡對方，就要馬上和對方積極的交往。

Chapter 9.

想要找到喜歡的對象就搬家吧！

——接近效果

前些日子，班上有位女學生因為換了住處，前來向我告知新的地址，一看地址，我發現她從學校附近搬到相當遠的地方去住。

「為什麼她又特意地搬到遠的地方呢？」

雖然我心裏這麼想著，但我並沒有多問，就將新的地址收了起來。

不久之後，這個謎題就解開了，那位女學生是搬到正在交往中男友的住處附近去了，距離充份地表露出她的心態，這位女學生從入大學至今，就一直都住在那個男生附近，二人間的相互距離就是二人間的心理距離，對一雙戀人來說，距離是個重要的因素。

根據一項美國的調查結果顯示，訂有婚約的二人，住的地方距離越遠，其婚約被解除的機率就越大，在這兩者間，呈現出十分明確的正比關係。因為距離產生疏離。

如果認定了這個人，往他的住處附近搬是一個決定性的決策，例子中的女大學生說不定就是直覺地意識到這一點，另外，像這位學生這種縮短距離，也就是拉近彼此的動作，特別可以讓二人的感情加溫，有很多時候，這種動作就成為了二人關係會朝更深一層邁進的關鍵、契機。

這個就叫做「感情的覺醒」理論，人和人之間的感情，在暗地裏隨著互相了解的交往程度，也就是喜歡程度，在相互影響、運作著，而後，這樣的程度就會一直保持著，假如在偶然中這種平衡被打亂了，就會再回到原點，以其他的方法再予以補救，這就叫做平衡理論。

雖然在前面已經說明了碰面次數越多越有好感的這種相互作用說，但是，一旦二人在某一程度下交往一段時間後，這種相互作用也不再管用，二人之間會很難再更進一步，這就是保持平衡的心理運作。

因此，難怪類似這樣為了打破彼此關係的膠著狀態，而一鼓作氣瓦解這個平衡的毅然決然行動，會變成是必要的，那位女學生，就是藉著搬家將它付諸於行動。

其次，一旦做了這種改變交往程度的行動後，應該就會如同這位女學生一樣在潛意識中感覺到自己的感情升級很多。另外，男方在因為女友這種下意識的改變交往程度、表現彼此感情較為深厚，或是讓彼此感情更深的行為下，他自己的感情也會同樣地被激起漣漪，不再膠著。

如此一來，二人的交往變得更深一層，關係愈近親密是可以想見的，當然，若有一方拒絕這種改進交往程度的行動，就會使二人之間的關係愈加瀕臨破裂。

為了增進彼此關係的這種「覺醒行為」（喚醒彼此膠著狀態中的感情），不僅僅限於搬移住處這種大工程，正在交往時的彼此相對距離，也具有相同的效果。

若無其事地握著對方的手，讓彼此之間沒有距離的接近行為，往往會強烈的激盪對方的感情。

心理專家建議：要使對方對自己的好感加深，要和他接近到可以嚇到對方的程度。

Part 2

若被人喜歡，自己也會喜歡對方——〈互惠性的法則〉

比起被人嫌惡，被人喜歡心裏當然會高興，這是理所當然的事，

即使是可怕的經理，還是會希望能受到部下們的喜愛，

所以，假若心中喜歡某人的話，就試著把自己心裏的感覺傳達給他吧！

別擔心，因為這樣的行為會讓你們的關係進行得更順利。

相反地，如果顯露出的內心感覺是嫌惡的話，

就要當心、留意了，因為自己的嫌惡還是會讓對方感受到的。

Chapter 1.

不是對方所喜歡的類型，也無妨！

——成為戀人的諸項要因

若是問就讀大學的年輕朋友自己心目中理想戀人的典型，總會收到各式各樣的答案，看看男的回答；在其中有「長髮女孩」、「眼睛大又亮的女孩」、「S身材的女孩」諸如此類，有很多是針對身體特徵的答案。

另一方面，女的回答在以前多為「溫柔的人」、「有男子氣概的人」這類的抽象特徵，身體或是具體的特徵要求條件會被壓抑下來，然而，在近幾年，女孩子這一方，也明確地表現出以身體、物質等特徵，做為選擇戀人的條件。

有很多女孩子希望的對象，是身高高於一七五以上的有車人士，甚至連髮型都有所要求。

聽了這樣的理想戀人類型，雖然合乎理想的人其自信心會因而加深也說不定，可是沒有這些條件的人就會灰心、沮喪了。

「我的頭髮有少年白，看起來比實際年齡老！」

「因為我的身高不到一七五公分，所以交不到女朋友。」

我想有很多人會如此地意志消沉。可是，雖說在實際情況下自己不在理想類型之列，然而也不需要大過垂頭喪氣，失去自信。

我之所以會這麼說，原因是那樣完全符合理想的人，在世上是不存在的，現實中的情侶，和那些理想條件完全扯不上邊，一樣彼此相戀。

有一項調查，詢問在現實生活中彼此已是戀人的情侶雙方，對方是否是自己的理想典型，這項調查的結果，讓我們從這些挽著手，正在愉快交談、怎麼看都相配、登對得令人羨慕的學生情侶口中，卻聽到了令人意外的回答——

「剛見到第一眼的時候，我覺得他非常討厭！」

「第一次見面的時候？我不太記得了，因為他本來就不是我心目中的理想類型……」

然而，令人驚訝的是，像這類的答案沒有例外，也就是說，有大半的人在第一次見面時，並不認為對方是自己心中的理想人物。

那麼，究竟為什麼應該不是自己喜歡類型的人，會成為一對情侶呢？這其間就存在著人際關係的微妙之處，就算不是俊男美女也會發生戀情，成為情侶的機會比比皆是。

「即使是現在，他依然不是我心中的理想類型，不過我還是喜歡他，不會去喜歡別人。」

「雖然在最初並不喜歡他，但是現在一旦失去了他……」

關於兩個人會連結在一起的原因，由於對方都不是各別心中描繪的理想對象，到底是什麼原因，讓兩個人會連結在一起呢？就算不是心理學家，只要有想讓他人喜歡、想擁有戀人的念頭，大概都會想去思索一下其中原因呢！在對人心理學中，有所謂對人魅力的一個領域，而在這個領域中，正好就是在研究人得到他人喜愛的原因，和這個原因的發展過程。

在電視或電影的愛情羅曼史中，產生出的情侶大都是俊男美女，全身洋溢著性感的魅力，由於這種影響，容易讓人一談到戀愛就想到對方要有同等的身體魅力，不過在現實生活中，調查結果也明白的顯示出，交往產生愛戀不是僅僅由於外表，「就連年輕的學生情侶，二人之所以會連結在一起，也是因為外表以外的其他因素。」

那麼，是什麼樣的原因把兩個湊在一起呢？這原因其中包括了兩個人的彼此共同性、接觸性以及互補性等等各式各樣的要素，有關這些，我們下文中將會做詳盡的解釋與說明。

心理專家建議：追求對象要有唐吉訶德的傻勁，不要被電影中的銀幕情侶給迷惑、混淆了。

Chapter 2.

雖然是強制性約會，也會覺得快樂！

——成為單位效果

有一個稱為強制約會的心理學實驗——

「我們在研究有關戀愛的發展過程，這次的實驗是：每一個人要和我們決定的約會對象交往五週（或是一週），在這段期間的，和其他人約會是不被允許的，你們要參加這個實驗嗎？」

學生們都興致勃勃，全部的人都同意參加。

於是，我們各別一一地告知參加者具體的交往對象是誰，以及和這個人實驗中的交往時間為五週或是一週之後，「因為有實驗中對象參加某項討論會的錄影帶，我們就播放來看看吧！」

在看完錄影帶之後，參加者接受一些和實驗中既定約會對象相關的詢問，如有關第一印象或是好感程度這類的問題，結果得知，比起被告知要交往一週的人，被告知要交往五週的人，對自己的約會對象會觀察較多。

更有趣的是，在第一印象的調查結果中，明白地顯示出被告知要有一段長時交往的人，和被告知交往一週的人比較起來，前者也會比後者對要進行交往的對象更具好感。

為什麼僅僅因為被分派成為一對就會對此人有好感呢？平衡理論對這個情況，做了如下的說明——

在人與人有感情存在的關係中，這其中有代表喜歡、厭惡的正面情感和負面情感。

另一方面，物與物彼此間的關係，是由成為單位與否做區分的，也就是兩者被合而為一來看，或是被分開考量。因而，被合而為一的兩者就會認為相互間有正面的關係存在，所以，所謂的成為一對，也就是說在成為一單位的情況下，自己就會對這個對象抱有正面的情感。

這個實驗要告訴我們的就是：「想要讓他對自己有好感，不論是怎樣的搭擋都好，和他組成一對、湊在一起就沒有錯。」

心理專家建議：趕快和喜歡的人組成一對吧！

Chapter 3.

一旦對方向自己表白，也會變得喜歡對方！

——好感的互惠性

「其實，我心中本來就有喜歡的人，但他卻是第一個對我表白了愛慕之意的男孩子……」

「雖然是一直回絕他的邀約，但考慮到連一次也沒給對方，好像不太好的心態下，於是才和他有了第一次約會，可是卻以此為契機，讓我變得喜歡他了。」

女學生向我說明了和對方成為情侶的關鍵。

女性一方積極提出邀約的情況，在最近也十分顯而易見。

因為，本來在男性的觀念裏女性是被動的一方，所以女性主動邀約的這種舉動，會讓男性不知如何是好，對男性而言，會是一個衝擊。

「不是嘛！因為她主動地約我，而我又不討厭她，所以……」

「我被她的主動出擊給打敗了！」

一邊這樣說著，一邊搔著頭的男性應該不少吧！

不管是哪一個例子，都顯示出：「男性也好、女性也好，本來不是特別有好感的對方，一旦向自己表示好感或告白，自己就會變得喜歡他。」

這個關係在對人心理學上稱為「好感的互惠性」，也就是「人會接受對喜歡自己的人」的這種關係。

就好感而言，是否這樣的互惠性真的存在？

心理學家用以下的實驗來證明——

「互不相識的學生以四人為一組，進行幾次有關各類課業的研討，學生參加者一到實驗地點之後，首先由舉行實驗的人，一一地各別將前一日所執行的性格檢查結果，在這個各別談話的當中，告知對方——和妳同一組的陳同學，從他的性格檢查結果中看來，他對妳有好感喲！」

像這樣地各別告訴參加實驗的同學。之後，實驗就此展開，開始進行四人一組的分組研討，在第一次分組研討結束後，再告訴這些參加的同學——「第二次的研討，在成員上要做改變，每組各為二個人，一起行動，現在，就請告知希望能和自己編在一起成為一組的對象。」

然後再由此來調查每一個參加者對誰較有好感，結果表示。每一位參加實驗的學生，對最初被舉行實驗者告知大概對自己有好感的那個人，如「我想和陳同學成為一組」，都會表現出好感，不出所料，這個實驗，證明了人會去喜歡那個喜歡自己的人。

心理專家建議：對喜歡的人，先說出「我喜歡你」吧！

Chapter 4.

為什麼會喜歡對自己有好感的人？

——好感互惠性的理由

為什麼自己喜歡的人會變多？又為什麼會接受喜歡自己的人呢？

這個原因，是由於每個人想要獲得別人喜愛的心十分強烈。

「之前見到的那個人，看起來好像對你很有好感！」或者「那個人應該是喜歡你的啊！」

這類的話從朋友那兒聽來，大概沒有一個人會感到討厭吧！即使在表面上會輕描淡寫地把話題岔開、裝得若無其事，可內心也會感覺樂不可支，為之雀躍不已吧！

是否喜歡這個人在這時反而沒有絲毫的相干，高興只是因為自己被他人喜歡。

這種想要被他人喜歡的欲求，是非常基本的社會性欲求，人類之所以被稱為社會性動物，是由於人類以團體生活為其基本的生活形態，人類是經由三百萬餘年的部族生活延續進化而來的，人和獅子、大象等等的其他獸類比較起來，是非常孱弱的，但是，憑著集體的狩獵，以及互助的生活使得生命延續了下來。

單憑一個人是無法生存的，因而，在原始團體生活中的人，把受到他人喜愛這件事看得極重要，若是受人嫌惡，被團體排除在外，因而落單的話，一個人在叢林草原中是無法生存的，被人討厭、嫌惡，也就意味著自己的生命要被斷絕，部族團體就藉由這樣的感情關係而結合在一起，在那時受人喜歡是如同性命一般的大事，這種想要得到他人喜愛的欲求，直至今日依然殘存在我們之間。

希望受他人喜歡的欲求，最低底限就是希望不要受他人嫌惡，就算不被他人喜歡，至少也不要讓他人討厭，這種心理在我們心中十分強烈的存在著。

「可是，我不想做到令人討厭的地步嘛！」

像這樣，有很多時候人會制止自己去做一些會被他人嫌惡的行為。

雖然像這樣希望被人喜歡、不希望讓人厭惡，是人基本的欲求，可是這種欲求出乎意外地沒有被滿足，可以證明自己的確受他人喜歡的機會少之又少。

若是像老外那樣頻繁地使用著：「I Love You」這句話的話，這個基本的欲求就會直接地獲得滿足了。

不過在我們的社會這種情形少之又少，所以受人喜歡與否的顧慮，就在心中彙集成不安。因而，一旦連能知道最起碼不被他人厭惡的證明也沒有的時候會自問道：「到底，我是不是讓人討厭的人呢？」

會有著這樣的不安，我們的這種害怕受人嫌惡的不安，是使得人際關係極不穩定，變得沈暗消極的一個原因。

而有了他人的好感表示，或愛意告白可以拔除這種不安，並且直接地填滿、膨脹希望受人喜歡的欲求，一直在擔心會被自己喜歡的人嫌惡，然而當對方對自己示以好感的時候，怕被討厭的不安就會因為對方的喜歡表示而不再存在。

像這樣，一旦和喜歡自己的人見面，希望被他人喜歡的原始欲求，就經由見面而獲得了滿足，對這種解除掉自己心中不安，又滿足自己希望受人喜歡的欲求的人，大概想要不喜歡都很困難吧！除非真的是十分討厭，否則人一旦知道對方喜歡自己，自己就會變得也喜歡對方。因此，下定決心向心裏喜歡的人表白對他的好感，可以說是獲得對方好感的最快捷徑。

心理專家建議：把心中害怕被人討厭的不安情緒給消滅掉。

Chapter 5. 雷公上司的內心世界……

——工作場所中的好感互惠性

「向對方表示好感，對方真的也會變得喜歡自己嗎？」

在講究有關好感互惠性的說明課程後，有一位年輕人跑來向我問了這麼一個問題，因為這個看來一本正經、一絲不苟的年輕人，用非常認真的眼神問著我，在我感覺，與其說他想解開疑惑，倒不如說他是在向我質詢盤問，我一時之間陷入了不知該如何回答的困境，大概那位年輕人最近有了喜歡的人或是有了暗戀的對象吧！

的確，就好感來說，它是具有互惠性的，但是喜歡一個人或討厭一個人，並非單憑這點來決定，特別是在戀愛方面，還有種種的限制因素需要被列入考量，因為戀愛或結婚的對象只能有一人，總不能一收到愛意的告白，就全部都以愛來做回應吧！而且，如已有戀人的情況下，在這些時候，當然就不能做出或想要同樣回報以愛情了。因此，在戀愛這方面，就算是互惠性，也要受限在對方沒有戀人等等的幾個條件下才能成立。

戀人不能說越多越好，不過，朋友就可以說是越多越好了，而且親密的前輩、後輩眾多是再好不過的了，戀人的範圍限制很窄，只能夠有一個人，不過朋友的範圍限制卻很寬廣，這意味著互惠性的法則，在朋友關係或是上司部屬關係中的適用範圍，比起在戀愛關係中更為寬廣。

最近工作場所的電腦化、自動化，連同在一個地方工作的同事，也沒有敞開心胸侃侃相談的機會，彼此的關係日漸淡薄，因此，有人就會這麼想：「我不會是被上司討厭的人吧！」

有很多年輕的上班族會有像這樣的不安困惱，因為沒有去除不安的機會，以致顯得悶悶不樂，對這些人而言，應該無法去想像已經成為一個大人的上司，也會有同樣的不安吧！

的確，從二十多歲的人觀點看來，四、五十歲的人是已經穩定下來的大人，所以年輕人會這樣想也不無道理。

不過，這些大人也有相同的煩惱——

「我在年輕人的行列中，好像怎樣都不會受到歡迎……」

他們也會有這種擔心，在年輕人認為，四十歲是不惑之年，過了四十，對喜惡與否的感情問題，應該不會感到困惑才對，可是四十而不惑的人是孔子，我們這些凡夫俗子不論到了何種年紀，困惑還是會一直持續，希望被人喜歡的欲求是不會消失的，甚至，一旦上了年紀，不只想受人喜歡，希望被人尊敬的欲求也會更為強烈，二者加在一起就變成想要得到他人敬愛的強烈欲望，比起不在乎穿著的年輕時代，上了年紀會顯得更為重視人際關係，而且，會期望那種和人緊密連結的生活。

話雖如此，博取年輕人歡心的行為，對上了年紀的人而言，卻是難上加難，這就是所謂的「大人」。

因此，一旦向上了年紀的人表示好感，既然是同事，我想好感的互惠性特質是可以看得到的，與其在煩惱著是不是受到上司的討厭，這個時候到不如抱著上司也和自己一樣的想法，自己先以行動來表示對他的好感，對待像雷公一樣的上司，這時心裏應該也會因此而放下一塊石頭吧！

心理專家建議：對令人害怕的人，不必另眼相待，要用平常心以好感來打動他。

Chapter 6.

因為上司的一句話，讓部下復活了！

——屬下加倍回報的好感

在大學四年級的時候，我一直迷惘於要就業或繼續讀研究所，在那樣困惑不已的當時，碰巧和一位社會心理學的教授搭乘同一部電梯，在電梯裏相遇，這位我尊敬的教授向我打招呼，問了一聲——

「畢業論文到底決定了沒呀！」

這位教授大概是因為電梯內碰巧只有二個人的情況下，才會和我打招呼吧！而我卻因為他還認識到自己，向自己打招呼，以及他的這一聲問候心存感激，結果，我的論文承蒙這位教授具體的指導，而使我得以向讀研究所之路邁進。

上位人的一句話，也就是友好的表示，對下位的人而言，會有像這樣的強大效果，自己憧憬的人一旦對自己示以好感，自己對此人的好感也就會因而倍增，不僅如此，還會有非常可靠踏實的感覺，由此，就可以清楚地看到好感的加倍回報效果。

有部屬的管理階級人士，希望能注意到這一點，上司的一句話可以決定部下的生死，不過，這種定律大概在前輩和後進，上司和屬下，或者是老闆和新進員工等等，這類關係中較為普遍。

最近有很多的中年人認為年輕一代的價值觀和自己完全不同，讓人無法理解，把年輕人稱做新新人類等等，這樣地在自己和他們之間隔起了一道圍欄，然而，在工作場所中，中年人和年輕人也是如此沒有改變，多數的部屬總是處在「上司對自己的評價如何」、「是否對自己有好感」、「是否討厭自己」的這種不安中，心中著實地擔心。

而且，雖然沒有講出來，也有很多人對前輩或上司表現的敬意，其實是來自於私底下對他的恐懼及害怕心理，這時，若是上司給他一句鼓勵或是向他表示好感，他對上司的好感以及感激一定會更為增加，也會更有自信，因此，在上位的人對部下表示好感和信賴是一件重要的事，這個小動作。結果會讓自己在部下心中的評價，自己帶領的團隊工作成效，和團隊的向心力量一百八十度的轉變。

心理專家建議：給身邊的人多關懷，有時一句話就能成大事！

Chapter 7.

對人坦誠會獲得好感！

——自我坦白的好感

由美國的西岸向東岸飛行的時候，不論在早上多早出門，不一會兒就會變成晚上，這是由於美國地幅廣闊，除了飛行時間之外，東西兩岸也有三個小時的時差。

在西雅圖出發的時候，心裏原本打算當飛機降落在波士頓時，要在機場的候機室來回好好地逛逛，誰知因為時差的緣故，飛機到達的時間又晚了很多，降落在波士頓機場時，已經是午夜時分了。

「沒辦法，只好在從波士頓離開時，再慢慢地逛一逛了。」就此搭著計乘車向旅館疾駛而去。

然而，在出發的當天，因為也是匆匆忙忙的，終究還是沒能好好地逛一下機場的候機室，心裏覺得十分的遺憾。

其實，波士頓機場的候機室並沒有什麼特別之處，它和任何一個機場的大廳沒有兩樣，「那麼，為什麼會這麼想在那裏逛一逛呢？」假如這麼問我，我的答案是：因為在這個候機室裏，曾經進行過對人心理學中一項坦白自我的實驗。

對人關係被定義為一種互相的、交換的關係，向對方做出友好動作，對方也會以友好回應，這樣的關係就是如前面所述的互惠性。

然而，和自己有關的話題，比如——

「說到我的母親呀……」或是「我的興趣嘛……」

等等和對方說到這類話題的行為，可以說是對對方的一種表示信賴、表示好感的代表行動，像這類談論自己的行為，稱為「自我坦白」，這種自我坦白的行為，也遵循著互惠性的原理，會促使對方坦白他自己，而變成互相坦白，隨著相互地坦白，彼此的親密感會增加，會互有好感，會加深彼此間的友情或是愛情。

「我在小的時候是個野丫頭呢！」

「說真的，我還被留級了一次呢！」

特別是這類將無法從自己表面上看出來的真實一面，向對方告知的舉動，就是在向對方表示自己對他的信賴，雖然也許會覺得有些冒險，但是隨著決心說出實情的舉動，好感或是愛意會一下子更為深厚。

另外，在波士頓機場裏，有關自我坦白行為的互惠性實驗，是這麼進行的——

實驗者在大廳中經常性的看著一個獨坐的人，並且向他攀談，之後，根據實驗者的自我坦白行為，來加以調查這位陌生人會做出怎樣程度的自我坦白，實驗者向被實驗者拜託，「我正在為筆跡的調查資料蒐集樣本，可否請您幫一下忙呢？」

若得到同意，就取出上下各有二個框格的測試用紙，首先實驗者先當場在上方的框格中，寫下一段自我介紹的文章做為範例，並出示給對方看，之後再拜託對方在此段文章下方的框格內寫一段。

其實，實驗者這時寫給每一個被實驗者看的自我介紹文章，就是對被實驗者的自我坦白，實驗者將自我坦白的程度分為三種等級，每一等級的文章內容各不相同，根據這三種等級來調整對每一位被實驗者坦白自己的程度，這三種等級的文章內容如下——

1‧淺度的自我坦白……我正在做調查資料的採樣。

2‧中度的自我坦白……我雖然擁有親戚朋友，但依然覺得孤單。

3‧高度的自我坦白……我就異性這方面的交往還是很有自信的，但還是有些煩惱。

在機場候機室成為被實驗者或陌生人，在看了實驗者所的上述三種之一的範例之後，寫下一段有關自己的文章，實驗即告結束。

在被實驗者寫下的文章後方，評定者根據出示文章內容親密程度的不同，來測定被實驗者做出了何種程度的自我坦白，結果顯示，實驗者坦白自己的程度越深，對方也會做出同樣地回應——在測試用紙的框格內，寫下來的關於自己的自我坦白文章也就越明白，根據這個實驗，我們證實了自我坦白的互惠特性，以及好感表達的互惠特性。

有些人會想，先對自己不熟的人講自己的事是很可怕的，「萬一被對方當成是笨蛋怎麼辦？」

一般人心中會有這樣的疑慮，不過，若是心中一直惦著這個人的話，抱持著即使失敗也沒有損失的心態，下定決心向他坦白自己會比較好，大致上人對於他人的自我坦白，應該都會給予同樣的回應，如果兩個人都一直在等待彼此的坦白，可以變得親密的難得機會就會這樣溜走了。

心理專家建議：將有關自己的一切，積極地對喜歡的人訴說吧！

Part 3

人會喜歡讚賞自己的人——〈社會性的認同肯定法則〉

自己所表達的希望能被別人重視，是想要得到別人認同的欲求表現，從一個十分了解自己想法、工作、個性等等的人口中得到讚揚，會讓我們十分開心。因此，只要仔細地傾聽他人說話，熱心予以詢問，你就可以得到此人的好感。即使對方是個謹慎、謙虛，也不自大的人，也還是會期待你對他的評價和稱讚。

Chapter 1.

「老弟！我要的不多……」

——榮耀和尊敬的欲求

那是以前我在日本求學時候的事了，那時一位老教授正對著一位年輕的講師這樣訴說著：「看這個情況，大概連張名片也沒有，人若是上了年紀，會想要的就只有榮耀這一樣了，對女人、金錢可是興趣已經缺缺了，感興趣的就是一個稱呼、一個頭銜哪！老弟。」

這位老先生用不太文雅的語氣訴說著自己的不滿，讓人感覺他好像怒不可遏的，那所學校原本是以預定成為短期大學的立場來募集教師，不過，大概是教育部核准的公文沒有批下來，結果，就只能以專科學校的資格開始辦學，他應該是想成為短大的教授才會到這裡來，結果到了以後才知道是所專科學校，他會這麼憤憤不平，也不是沒有道理的。但是，當時還是個研究生的我，真的對前輩追求名位的可怕一面感到驚訝。

人有想要受周遭人喜愛的這種基本欲求，然而，一旦這個欲求被滿足了之後，接下來，希望得到高度評價，被人尊敬的慾求就會強烈起來，成為心中主要的欲求。馬茲洛主張人類有五種階段的欲求，這種理論在後文會有詳盡的說明。

希望受到他人喜歡的這種屬於愛的欲求，在這五個階段中，被歸為第二階段；而希望受人尊敬、得到評價這種屬於尊敬的欲求，則被歸為第四階段。由此可知，人最初的欲求，就是希望能和讓自己感到安適的人在一起，希望歸屬於團體，在這些欲求未被滿足之前，對於以追求愛情、尋找友情為主的第四階段尊敬欲求，不會有如此強烈的渴望。

青年人想要受人尊敬的欲求較少就是這個原因，由於自己的好說歹說，卑躬屈膝，以致得以進入團體的最下階層，能成其中一員，剛進入團體的時候，想要不被這個團體中的前輩們嫌惡，以及想要受到前輩們喜歡的心情，會比想要在團體中受到尊敬的心更為強烈。

在戀愛的場合中也是如此，在剛開始的時候，會把心思放在不使關係斷絕，不讓對方討厭，以及得到對方喜歡這幾方面。

若是能在自己嚮往的公司裡工作，「即使剛開始當個小弟我都願意做！」大概會說出這樣的意願吧！

然而，一旦在公司工作了一段時間後，在公司的地位會趨於穩定，和前輩、後進的交友關係範圍也會更為廣闊，這時，第三階段的欲求就達到滿足的狀態。

之後，一旦滿足了第三階段的欲求，重心就會移向第四階段的尊敬欲求，這個階段的欲求，不會只因為自己被他人喜歡就感到滿足。

「想要從別人口中得到高度的評價」、「想要被尊敬」等等這類的情緒就會變得強烈。

我想，可以把多數中、老年主管的欲求，歸在這一個階段。因此，在和中、老年上司來往的時候，除了表示好感之外，加上自己對他的高度評價是很重要的，年紀大的人，因為人生歷練時間較長，不論是怎樣的人，應該也一定會有一兩樣是他人模仿不來的技能、知識或是經驗，知道這點，就這一點表示自己的敬意，這就是上司所期望得到的，他自己也會知道，要以好感來回應你的尊敬這個道理。

「這小子有前途哦！」他在心裡一定會這麼想。

相反地，因為他是如此地在意周遭人對自己的評價，年輕人一句輕浮的言語，「課長也不過如此嘛！」

這樣的一句話，就像往他心口刺了一劍似的，一句自以為親密的話，也可能成為你事業發展的致命傷，甚至會要了命，就算是開玩笑，也一定要注意說的話是否會損到刺激到上司。

心理專家建議：不要猶豫，向上司（前輩）表達敬意吧！

Chapter 2.

人類爲什麼會有欲求

——慾求的五種階段說

還是小學生的姪女，在看了介紹非洲大學的電視節目之後——

「為什麼要在非洲設立大學呢？如果他們有設立大學的經費，把它用來買食物不是比較好嗎？」

嘟著小嘴唇這麼不高興地說著，因為她知道非洲的飢荒狀況，對難民們，特別是空著肚子的小孩感到非常同情，另外她討厭讀書，所以她不懂非洲人在想些什麼。

我們欲求的第一階段是以生存為出發點的，對食物的欲求，尋求食物，生命才得以維持。

馬滋洛這位人格心理學家，把人類的欲求分為了五個階段，並且主張「欲求的階段化學說」如下：人的欲求隨著基本階段欲求的滿足，會再進一步地有更高一階層的欲求在心中產生，我們可以把它想成，「人在自己的一生中，心中的欲求會依著這五個階段的順次往上提升。」這就是有關這個欲求階段說的簡單說明。

第一階段的欲求是以繼續生命為首要的生理欲求，在溺水瀕臨死亡之際，榮耀什麼的……都不存在了不是嗎？在那種時候，真的是不論麥桿或任何東西都會緊抓不放，不顧一切的大聲叫喊求救，這時候的欲求是空氣、是呼吸。以此類推，由於口渴曾有想喝水的欲求，感到肚子餓會有對食物的欲求。

一旦第一階段的欲求達成之後，心中就會產生第二階段的欲求，就是對安全的欲求，在第一階段時，因為全副心力都集中在生命無法繼續的危機中，所以不會考量自身的安全與否，例如，即使十分危險，為了食物和水也會鋌而走險，這時的行動是不顧一切的。

但是，一旦知道食物大致無虞之後，就不會再去冒這種險了，「留得青山在，不怕沒材燒。」心中的欲求就像這樣，變得著重在安全的方面，冒著危險在沙漠中步行了幾百公里走到難民營的人們，一旦進去了之後，就不會再出走，因為在裡面食物和安全，可以得到最低限度保障的緣故。

在此之後，一旦生理的欲求和安全的欲求被滿足，人開始跳脫出汲汲於繼續生命、安全的生活形態，對社會和人與人之間的關係產生關注，此時心中的欲求提升成為第三階段，也就是在前文提及希望受人喜歡、歸屬於團體的欲求，並且為滿足此欲求而採取行動，之後，一旦這階段的欲求也獲得滿足，想要受人尊敬的欲求就會在心中油然升起。

馬茲洛把第四階段之前的欲求，全部稱之為人類想要補足所缺的欲求，然而，這些欠缺全部補足的時候，人就開始依著心中的自我實現欲求來行動，讓自我得以成長，這種以自我實現欲求為根本的生活，才是人類本來的生活方式，由此可知，人會迅速地滿足欠缺欲求，轉向以自我成長為目標的生活形態。

但是，第三、第四階段不是這麼輕易就可以跨得過去，現實生活中，我們在喜歡厭惡、尊敬輕蔑等等混亂的人際關係中生存，因此，就算對馬茲洛的說法有異議也不為過，雖然如此，在這種混亂的人際關係中，我們大家倒不如在其中學習，使自己成長。

心理專家建議：首先要讓基本生活得以安定。

Chapter 3.

女學生的點頭動作……

——希望被評價的欲求得到滿足

「簡直太扯了——真是令人失望啊，她竟然一題都不會……」

期末考結束之後，老教授十分感慨地說著。據老教授說，今年的這一班有一位很認真的女學生，總是坐在前面第一排的位置，仔細確實地聽教授講課。以前有種說法：「在聽人說話時，睛睛會看著對方」，正是這個樣子，那位女同學總是看著教授聽他講課，並在教授說話告一段落時，會認真地點點頭。

因此，教授對她期望很大，就在考完閱卷時，看到了她的作答情況，然而，她竟然沒有一題會寫，讓老師感到十分訝異。

「這個點頭的動作，到底是有何含義呢？」

老教授覺得不可思議，然而，對他人所說的話予以點頭附和，與此人的思考能力和文章表現能力並沒有關係，是老教授想得太深了。

那麼是什麼原因讓老教授這樣地對她抱著高度的期望呢？在這裡，可以看到點頭動作的效果，如同在前面文章中也有提到的，人有希望被評以高度評價，被他人尊敬的這種對「尊敬」的欲求。

人說話的時候，一旦對方沒有在聽，這種欲求就會受到挫敗，然後大概心中，就會因為不被注視，被當成笨蛋而產生憤怒，如果是在平常的會話場合，要是對方表現出一副不想聽的模樣，大可以表示生氣，停止說話，交談也就此結束。

但是，在大教室裡授課就不能這樣做了，要不就大聲叱責，要不就忽視這種情形繼續我講我的，你鬧你的，大聲叱責的教授也是有的，不過一旦開罵會把關係弄僵，而且，人一上了年紀血壓狀況也不是挺好，因此大部份的教授都會沈住氣，耐著性子繼續自個兒講自個兒的。

在這種情況下，如果有一位學生坐在前排座位上，眼睛發亮地對自己講的話一一點頭表示贊同會怎樣呢？教授一定會覺得這個點頭的動作是對自己所言同意、讚賞的表示，進而，他會覺得自己受到好的評價、受到尊敬，老教授心中想要得到他人尊敬的欲求就這樣滿滿地被充足了，因此對這樣尊敬自己的人，他是絕對喜歡的，「這個學生可愛、誠懇、聰明、難能可貴」對這些，他絕對不會有懷疑，點頭認同的這個動作，就有這樣的效果。

心理專家建議：聽對方講話時，要對對方的話予以附和，並不時地點頭贊同。

Chapter 4. 不是說話高手，也無妨！

——說話者希望受尊敬的欲求

人有談話高手和聆聽高手，而大致上，比起說話高手，聆聽高手較為受人喜愛，因此，想要受人喜歡就讓自己變成聆聽高手，一旦這麼說，就會有下面的疑問出現「那麼，要如何成為聆聽高手呢？」這個問題的答案很簡單。

相反地，「如何成為說話高手呢？」

若是被問到這種問題就很傷腦筋，要成為說話高手不是件簡單的事，如果你是個說話高手，在這社會上單憑這一點就很吃得開了，記者、節目主持人、新聞主播等等這類說話高手的工作，就如同繁花般盛開，但是，若要達到這些目標，要有相當的訓練，另外，才能也是必備的要素。

沒有這種特殊才能，在一般日常中的談話，或是工作場所中，會有很多人有下述的想法：「我在說話這方面很笨拙，因而感到很困擾，同時在與人交往方面也很吃虧。」

在這些人當中，大概也會有人想要去參加坊間一些「讓你成為說話高手」之類的訓練課程吧！

這麼做，對成為一個說話高手是有幫助的，但如果對自己說話笨拙而感到困擾的人，困擾的原因是由於覺得自己因此不受歡迎、被人討厭，煩惱自己被人討厭比煩惱自己說話笨拙更甚，那麼，與其成為一個說話高手，倒不如先成為一個聆聽高手——這是我的推論。

我的理由有三項——

1．說話高手雖然會受人歡迎，但也會被人討厭，根據民意調查，藝人排行榜中最受歡迎的前三名，也同時是最被討厭的前三名，因此，就算你成為了說話高手，以後也會因為這個原因被他人討厭。

2．在最初的交談中，聆聽高手要比說話高手更讓人喜歡，我們不太會聽到有人會討厭一個聆聽的高手。

3．比起成為說話高手，成為一個聆聽高手會比較簡單，既然容易做到又可以讓人喜愛，這個辦法不是比較好嗎？

成為聆聽高手很簡單，只要在對方說話時真誠地聆聽，點頭贊同，出聲附和，如此而已，偶爾加上一些訝異的語調。

那麼，為什麼聆聽高手會讓人喜歡呢？這是因為聆聽高手，可以滿足說話者的被認同欲求和受評價的欲求，而且，也會增加對方的自信心。

說話的人靠著說話這個動作來表現自我，人在表現自我的時候，會擔心是否可以得到對方的認同，心中會掛慮著自己如果這樣說，不知道會不會被看成是笨蛋，談論自己時，有一半心思放在想要得到他人的評價上，但相反地當然也會有這些不安，點頭或是附和，是意味著對此人所言的認同和評價，因此，一旦自己說的話，得到別人點頭贊同，或是被附和，自己就會感到安心，自信心也會提高。

另外，說話的人也會擔心自己說的話是不是有趣，話雖如此，也不能說：「各位，我剛才說的話是不是很有趣啊？」

當然不能這樣當面的問對方，這時，一旦聽的人發出訝異的聲音——因為這是向說話者表示自己興趣的舉動，說話者會就此感覺心安，有了自信，而繼續說下去，仔細聽著自己說話，認同自己的人，絕對沒有一個人會不喜歡。

心理專家建議：與其成為說話高手，不如成為一個聆聽高手。

Chapter 5.

聆聽高手反而能主導談話！

——聽者的反應程度

「成為聆聽高手不就是只聽人說話的份，把自己當成啞巴了，一點自我主張都沒了！」

有人會有這種反對論調，的確，只是在聽他人講話，會沒有自己的看法、自己會無法積極地表現自我、主張自我，而現今也的確是個人人都想領導他人的時代。

不過，並非如上所言，「聽者的角色是一直處於被動、沒有主導性」─什麼的。雖然在談話中聽的一方乍看之下或是表面看來是被動的一方，可是仔細一想，他才是談話中扮演領導者角色的人，當然，在說話的人因為一直是自己在說個不停，一直會覺得情勢的發展是由自己主導，但這就是一個陷阱，一直說個不停的，確實是說話的一方，然而，說話的一方會一直看著聽者的反應，根據他的反應來繼續接下來的話題。換言之，談話會隨著聽者的反應而被左右。

在對人心理學中，為了證明這個論點，有一個雖然簡單但卻有趣的實驗，這個實驗的內容只是實驗者和被實驗者進行交談：實驗者這一方，在被實驗者會話中，有使用單字複數形的時候，點頭並加以附和。

這個實驗是在美國進行的，因為英語中，單數和複數可以很明顯地區別出來。

被實驗者，並不知道每當自己話中使用複數形單字的時候，對方就會做出點頭的動作，然而他使用複數形的次數卻頻繁了起來，這就是人會很自然的使用被對方認同，能得到對方評價的字彙，因此，一旦發現了某些字彙會使得對方給予認同，下次就會明顯地，下意識地大量使用，以引起對方的關心，而得到較高的評價。

就像這樣，說話者就連單純的單字之複數使用，都會被聽者的反應所影響，更何況是聽者隨說話內容所表現出的贊同和訝異，說話者一定會為了想要得到認同和評價，而隨著這些聽者的反應表現，將說話的內容配合聽者的想法，思考加以改變，也就是說，在這時，聽者才是真的主導談話內容的人。

我想，對「聽的一方不單單僅是被動的一方」這句話，大家現在應該能夠了解了吧。

在大教室中的授課或是演講　進行等等也是如此，實際上聽者的反應相當程度地影響著說話者，我在大學裡一兩百人的大教室中授課，這種授課在理論上應該是只要按照筆記，照本宣科即可，然而，即使是同樣的內容，在不同的班級中授課，進度和說話的內容也會有很大的差別，這是由於學生的反應所造成的，法學系的學生和文學系的學生對講課內容感到有趣，或是為之目光一亮的地方都不一樣，而我對授課內容，不論如何總是容易隨著學生反應的不同而不同，對那些讓他們發笑和讓他們眼睛發亮的部分，我總是不知不覺地就會花特別多的時間加以講解，雖然並不是要迎合學生，但我（說話者）還是會被學生（聽者）所主導，就連在課堂上講課都尚且如此，在日常生活的交談中，情況應該就可想而知了。

心理專家建議：讓自己成為一個聆聽高手，反而更能主導兩人關係的發展。

Chapter 6.

「嗯、嗯……是這樣呀！」

——滿足自我肯定欲

在心理治療方法中有一種稱為「非指示」的療法，這種治療法是在咨詢者訴說自己心中煩惱的時候，不採用「你就用這個方法去做吧」或是「請改變一下生活的方式」這樣的直接指示方式來應對。

那麼，採取的方式是怎樣的呢？那就是在聆聽咨詢者說話的同時，發出「嗯、嗯——」的聲音。用這樣的方式來回應他，而比起給予指示，採用這個方法的一方咨詢者會復原得比較快。

若是問其原因，那是因為人一旦得到別人對自己肯定的評價，對自己的自信心就會產生，不安就會消除，而點頭贊同，就有這樣的意義在，特別是一旦被醫師這類在社會上被信賴、尊敬的人贊同、肯定，自信會特別地高漲、膨脹。

一旦對自己有了自信，因為人與生俱來就有想要讓自我成長的欲求，想要實現自我的欲求，所以他會依照著自己的自我主體性和自主性，積極地去行動，會本著自己心中原本就存在著的想要讓自己成長的欲求來行動，在這樣的想要自我成長的行動中，煩惱或是不安就會就此消除，而且，好的解決策略也會就此產生。

其他的療法，例如給與咨詢者批評，或是指出他的缺點，只會使他喪失自信，心中越發地不安，讓他陷入更嚴重的深淵之中。

治療者的一一指示：「請這樣做」、「請那樣做」，即使是適當的正確的指示，也會讓咨詢者的主體性受到抑制，然後，咨詢者成為被動的一方，自我成長的欲求也就無法發揮了。

提倡人性化心理學的心理學家羅傑斯主張，「人在基於想要讓自我成長的欲求下，逐步實現自我的時候，是最人類的生活形態。」而且，因為這樣的實現自我欲求，任何人都是與生俱來的，所以只要條件齊全的話，就能夠做到讓自己成長。這裡的條件，最基本的就是自我肯定。

換言之，也就是對自己的自信心，或是更廣泛一點的說法，就是自己能夠連同缺點一起被他人接受。

「唉呀！雖然我的缺點也有很多，可是我的優點也不少啊！」

像這樣全面的肯定感。之後，由這樣對自己的肯定所堆砌而成的，就是穩定以及良好的人際關係，若一味的被批評和被命令的話，自我肯定的感覺是無法顯現出來的，自我肯定感的獲得，開始於來自他人的支持以及對方給予的稱讚。

因此，羅傑斯派的咨詢中心裡的心理治療方法，比起給與指示的療法，聆聽咨詢者談話，同時給予贊同的療法更獲得生活顧問的肯定，也讓咨詢者更擁有了自我肯定的感覺，若是有了自我肯定，往後就可以本著想讓自己成長的欲求，使自我得以成長了。

這不單僅限於心理咨詢，了解嗎？在聽對方說話的同時，贊同他、支持他，也會讓對方成長，同時，二人之間的人際關係也會更為良好，更得以發展。

心理專家建議：肯定對方，成為對方成長的後盾與支援。

Chapter 7.

上司是人不是神，一樣會想被人稱讚！

——社會性認同欲求

「男人真好，容貌不會隨著年紀的增加而有很大的變化，哪像女人啊……」看著電視，已不再年輕的美貌女性，這樣地表達著自己隨著年紀增長已逐漸衰老的容貌的真實感觸。

的確，男性一旦到了四、五十歲，相貌會逐漸地沈著穩重、威嚴起來，就算是在年輕時稱不上有風采的人，隨著年齡的增長有所成就，也會漸漸呈現出堂堂卓越的男性樣貌。

從年輕人的角度來看，這樣威嚴的大人樣貌和崇高的社會地位，讓人感覺到與自己全然不同的穩重、安全感。

「到底不愧是經理，真是厲害！」

「不管是誰，只要一想到他都會感到害怕，真是有威嚴！」

這類羨慕的聲音，也是可以聽得到的。

但是，上司也是父母養的，也會強烈的想要從他人身上得到認同，雖然他的行動是如此的從容不迫，但是這樣的從容是對於確信部屬認同自己、肯定自己的情況下才有的。

甚至，上司想要得到他人評價、認同的欲求，比年輕人更為強烈、更為確切，這麼說是因為年輕的時候，是秉著「若得到他人的注意，就以此為精神的支柱，若受到他人批評，就以此為鑑來激勵自己成長」這樣的心態工作，為了將來自己長大成人後有所成就、受人評價，今日的否定都可以把它當成是墊腳石。

邁向中年或是老年的上司，在他們這個階段就不一樣了，因為年紀的關係，他們已經不能把夢想寄託在將來的評價上了，現在的自己已經快要到達人生的終點了，相對於擁有未來的年輕人，明確地了解到自己已有的是現在的自己和過去的經驗，因此，現今他人對自己的評價，他們會看得比年輕人還重要，因為，那是對自己一生的評價，對自己總體的評價。

年輕人在商場上，和上司或是工作上的前輩們打交道時，有必要對這點特別的留心注意，上司也會令人意外地，在意著部下對自己的評價。

另外，在一群年輕人的場合中，常常會有互相指出缺點，大夥一起笑鬧的這種親密會話，但是，即使十分親近，對長輩還是不要依樣畫葫蘆，在前面已經說過，身為長輩的人，對他人的評價會看得更重，指出他的缺點，即使出發點是基於開玩笑的心態，他也不會笑笑就完事，就算當場他以笑來回應，可自尊心受損的這件事，他是永遠都不會忘記的！

心理專家建議：向長輩開玩笑要有分寸，才不會造成反效果。

拍馬屁得到的評價並不好，但是……
——稱讚的效果

Chapter 8.

前面提到人都喜歡受人稱讚，被對方認同而對對方產生好感，但我想有很多人會持反對意見。不管怎麼樣，對吹捧他人、奉承討好、八面玲瓏這類胡亂隨便、過度稱讚他人的人，世人都會給予不好的評價。

但是有必要留意的是，這些不好的評價並非來自於被稱讚的當事人，而是來自第三者或是同事們，對這種人出人頭地，會有以下的聲音——

「唉呀！這不過是會拍馬屁的結果！他根本一點能力都沒有嘛！」

「一點也沒錯，他真是一個小人。」

一些自稱是有能力卻沒有出人頭地的人，會這樣談論著，而沒有能力的馬屁專家，對如此的批評是不會在乎的，因為他要的是出人頭地，但是，相反地，稱讚他人的這個舉動效果如何呢？大概他自己不會知道吧！

其實，一味稱讚、只說應酬話的人，被稱讚的一方也不喜歡。

對人心理學中的一個實驗也顯示出以下的結果：和一直稱讚他人的人比較起來，最初給予批評，而後再予以稱讚的人更受到他人的喜歡。

為什麼不是越稱讚他人越好，為什麼一味的讚美他人而不會得到他人的好感？我想也有人會有這樣的疑問，其理由有二點——

第一點就是如果對任何事都加以讚揚的話，這些讚美的言語和舉止可信度就不高了。因此對什麼都讚美的人，會讓被讚美的人覺得這種讚美很空洞，實際上並不是真的在稱讚自己的能力，一旦有了這種想法，怎樣的讚美都無法滿足自尊心和希望受到評價的欲求，單單用來當作手段的讚美，若是讓對方察覺，想要他對你心生好感就難了。

第二點是當一個人不論何時都在對任何一人稱讚、褒獎的時候，這個人會被認為是只會說好話的人，如此一來，就算對方得到他的讚美，也會有這種想法——

「現在我得到的讚美並不是對自己的評價，而是因為這個人在個性上就是屬於對誰都會說好聽的話，對誰都會給予稱讚的類型，所以他當然也會對我稱讚一番。」

在這種情況下，自尊心當然不會被滿足，當然不會有自己受到尊敬的感覺，因而，對這個到處稱讚他人的人，任誰都會給予他馬屁先生的評價，對他也不會有好感。

就心理學的觀點而論，這些是前面所提及的接受一方的歸屬問題——對方對自己的讚揚行為是由於對方本身的個性緣故，或是由於對方對自己的評價。受到稱讚的人一旦不認為這個讚美是源於對方內心對自己的評價——不做向內的歸屬（認為原因是自己本身的想法），讚美的言語就不會成為一種褒獎了，如果讚美是從一個不會一味稱讚他人，有時也會有所批評的人口中說出，因為這個人給人的印象是「他不會淨說讚美的話」，所以受讚美的人就會比較容易做向內的歸屬，這些讚美也就會被視為是對自身的真實評價，若是如此，自己對這位評價者就會心存好感。

所以不要一副奉承逢迎、八面玲瓏的樣子，也就是說必須真心地對對方真正的長處給予稱讚，這是博取對方好感的祕訣。

「這個人即使得知我的缺點，還是對我有好感，對我表現不錯的地方，也不吝給予稱讚……」

應該不會有人不喜歡這樣的人。

心理專家建議：讚美終究是好事，說穿了就是耍嘴皮子，不過稱讚別人必須拿捏好尺度，別過頭了。

Chapter 9.

讚美他人、快樂自己？

——自我優越意識的強弱

「讚美別人是一件快樂的事，對方會高興，自己也會有好心情。」

讚美他人這個舉動看似容易，其實是出乎意料的困難，這麼說是因為所謂讚美，就是給予對方好的評價，由於讓對方產生了優越感，自己相對之下就會成為較為不如的一方了，讚美他人的這個舉動，對男性而言尤其吃力，男性對同性之間，人際關係的優劣地位有特別在意的傾向，想要經常地比其他人處於更為優越位置的心理十分強烈，因此，一旦自己讚美對方，給對方好的評價，自己就會有低於對方的感覺，相對地會覺得自己比較差勁，就是由於這種心理，使得讚美他人變成一件困難的事，而使自己卻步，特別是對互為競爭對手的同事，以及比自己地位低下的部屬表示讚許給予好的評價，在心理上會是很大的負擔。

在下班後一些人常常會聚在某個地方喝上一杯，這種時候，背後議論他人的話題居多，然而一旦誰對某人表示稱讚，就會有人為此感到不快。

「雖然他當上了主任，可是聽說送了好多禮……」

「他是不錯，不過更厲害的是他老婆……」

「他的確是一個優秀的人啦！不過……」

在這麼想之餘，也會有人當場出面對被稱讚的人開始加以批評，這人大概和話題中的人是互相競爭的對手之類的關係，對這個人而言，隨著話題中人受稱讚，自己相對地就會有被貶低的感覺。

在男性的生存世界，像上述這類稱讚他人的場合中，若自己全部表示贊同就會被人給小看了。

讀者會有這種想法，這種唱反調的心態越快在腦中浮現，這個人的優越意識就越為強烈，我們雖然會想要受他人喜愛，但同時、或者更為甚的，我們更不希望被人當做笨蛋來看、不想被別人小看的心更為強烈，這種心態，抑制了稱讚他人的這個舉動。「經常讚美他人，可以保持平衡。」請思考一下這句話的含意。

心理專家建議：要讚美他人，但不要過度地讚美。

Chapter 10.

稱讚是一種正面評價！

——親近的人給予的稱讚能增加自信

不論是誰對自己本身或是自己正在做的事，常常都會懷有不知是好或是壞的不安。

電腦的程式設計師，也往往會懷疑，「難道不成是自己沒有對程式設計這方面的才能嗎？」

像這樣讓人透不過氣來的不安，就算是在上位的人也會有，「我自己是不是沒有指導他人這類的領導能力呢？」——這樣的煩惱。

人一旦碰壁、失敗，就會有把原因歸咎於自己能力不足，或沒有天份及不適應等等的傾向。

心理學家威諾成立以下的理論：人在成功或是失敗的時候，隨著對成功原因或失敗原因的認定、想法不同，心中的感覺和之後的應對方式也就會有差異，我們把這個理論稱為原因歸屬理論。在這其中，威諾表示人一旦將失敗的原因歸咎於自己的能力，也就是認為由於自己能力不足才會導致失敗的時候，因為沒有天份是無可奈何的事，心裡就會感到失望，想要放棄，變得沒有幹勁。

但是，即使是同樣的失敗，若是認為失敗原因是自己努力不夠的情況下，心中湧起的就會是下次要努力達到成功的奮鬥意念。

由此看來，儘可能不要把失敗原因歸咎於自己能力的一方，心中會才會萌起想要讓自我成長的意念，那麼，要怎麼做才不會把失敗歸咎於自己的能力不足呢？其中一個方法就是得到來自他人對自己的評價，不論是誰，對自己的能力都不會有非常確定的自信，這種時候，一旦他人，特別是彼此了解關係親近的人，對自己予以稱讚、給與好評：「真是天才啊！真是了不起的才能。」

說出這類的話語時，雖然會難為情，但多少會增加自己的自信。

一般而言，來自他人的正面評價將會成為自己努力的原動力，因此，不論是誰都會想要和這樣認同自己能力的人在一起，你的正面評價會讓對方擁有自信，你也會因此受到對方的喜歡。

心理專家建議：要讓人喜歡，就不要吝於對別人的讚美！

Part 4

滿足對方的欲求，他就會對你心生好感——〈生理上的滿足定律〉

有時想憑自己的力量，處理自己份內的工作，
然而還是非得仰使上司的指示不可。沒有一個人是喜歡被人叫東叫西、
做這做那的……但是，會有特定的某一人，不論他要自己做什麼，
自己都會老老實實的去幹。此種信賴關係是最為理想的，
但並非一朝一夕就能建立起來。將好感一點一滴的積蓄起來，
才能建立良好的關係。

Chapter 1.

「請幫我看一下手相好嗎？」

——欲求滿足和好感

「你是台灣來的老師，可不可以請幫我看一下手相呢？」

自稱從東京來的兩位女士，突然冷不防地把手掌伸向我這邊。

是不是她們來過台灣，在行天宮地下街或饒河街夜市裡算過命？

這是在我參加於泰國曼谷舉辦的亞洲心理、教育諮詢顧問學會期間遇到的一件事，雖然是亞洲，所使用的共通語言還是英語，而我的英語可是很破的，在會議進行中，就坐在小小的角落邊，到中場休息時，才得以喘一口氣，那兩位女士要我替他們看手相的事，就是在休息時間中發生的（因為她們知道我會講日文）。那兩位女士，好像認為只要是台灣來的，不論是誰多少都會看手相似的，我當然對手相這方面的知識是一竅不通，但是想到這也是國際交流的一種方法——

「這條是生命線，哇！很長呢！你會很長壽哦！大概可以活到八十歲左右喲！這條是感情線，嗯——你比較重感情哦！」

於是我就這樣地算了一下她的運勢和個性，結果，在周圍一看到這個情景的女性都一一地伸手，數不清的手掌要我幫她們算一算，一時之間，我突然變成了一個替人看手相的「算命師」，而那些女士們對我算出來的結果都十分地滿意，因為我只講好話，以及模棱兩可的忠告！這一切都是無傷大雅的。

這個學會是一個有關心理諮詢方面的學會，它是一個以心理學、教育學這類偏於科學、理論性質的研究為基礎，對近代心理諮詢方法加以討論的集會，在這會議中聚集的每一個人都是接受他人的諮詢，站在指導立場的人，然而這些會員對手相會有這樣的關注、興趣，會對我這些算命的話語傾耳聆聽，真是讓我感到奇妙、訝異。

這個學會的總幹事是泰國第一大學心理學系的研究所學生，就讀心理學研究所的心理諮詢顧問有十九個人，其中有十六個學生是女性，而男性只有三位，是一門女性占壓倒性多數的學系，心理諮詢顧問這類的工作對女性而言較為合適，而且比較受到女性的喜愛。

話說回來，在幫那些女士們看完手相之後，我一朝學會的辦公桌走去，這些研究所的女學生們就一下子聚集了起來，向我伸出手掌心要我替他們看看，並興高采烈的談論著我會哪一類型的算命方法，這個時候讓我想到，這就是受他人喜歡的重要因素之一——滿足他人的欲求。

在順應要求，替她們看手相的時候，她們說：「今天晚上，大家要去河岸邊吃海鮮，你要不要一起來？」

受到了她們的邀請，我馬上就一口答應，在河上的餐廳渡過了一段快樂的晚餐時光，之後因為我提了一句「我想看看泰國舞蹈」，隔天他們又招待我到觀看泰國舞蹈的餐廳劇場。

泰國人真的是充滿熱心、對人親切，但是，他們多少會有些過分老實，容易怕生，十分拘謹客氣的泰國學生們會這麼積極地對待我，我想大概是因為他們對這種可以從手紋中知道自己運勢、性格以及智慧能力的算命，有非常強烈的興趣吧！

若是有一個人所擁有的知識或是能力和自己十分關注的事有關，無論如何我們都會想辦法接近他，相反來說，若是一個人擁有人們感興趣的知識或能力，他就可以聚集起人群，被大家包圍。因此，雖然鑽研知識，琢磨提升自己能力的這些努力行為，乍看之下和人際關係沒有絲毫的瓜葛，然而這些努力其實是可以讓自己交到更多朋友的祕訣，自己具備的知識或能力，會成為一種魅力，吸引著他人，如此一來，可以更容易地和他人結交、成為朋友是理所當然的事了。

心理專家建議：讓自己擁有令人注目的專長吧！

Chapter 2.

「這個我來付！」

——面子和心理方面的報酬

週末傍晚，因為有了一筆意外的收入，於是說道：「今天可以請大家喝幾杯！」因此邀了辦公室的年輕人一起到居酒屋去。

後來，在要出發的時候，碰巧經理也在場，「哦——要去喝一杯呀？我也一起去吧！」

所以經理也和我們一夥人一起去了，一直到這裡都還沒有問題，然而在後來要付帳的時候，就真得是讓我不知該如何是好了，若不管經理自己跑去付帳的話，對經理是很失禮的事，話雖如此，可是因為在之前和大家都已經講好了，總不能這樣對大家說：「那麼，我們就平均分攤吧！」

也罷！因為之前都已經和大家說好了，所以我就拿著帳單站了起來，往收銀台的方向走去，不出所料，果然這位經理憤然地站起身來，一把搶下我拿在手中的帳單：「這個我來付！」

這麼說著，一面氣勢十足地把紙鈔往服務生手中遞了出去。我去付帳這個舉動，在上司看來終究還是一種失禮的行為，經理感覺到自己的面子受損了。

有一種理論指出：「人際間的交往、應對關係，是以獲得心理方面的報酬為最大的目的。」這個我們稱之為社會性的交易行為理論，就如同生意人從事商品或是物品交易行為，最主要目地是得到金錢上的利益，人類對待彼此的交易行為，也就是相互作用的運作，最大的目的就是使自己得到心理上的利益（好處）。因此，在這其間，有一種市場原理在運作，隨著這個市場原理的運作，交易的行為會更進一步，或是就行打住。一旦從對他人喜歡或是厭惡的這方面來加以思考，就會了解，難怪人會對讓自己就心理方面而言得到很多好處（報酬）的人有好感，會討厭、迴避使自己在心理方面有所損失的人。

我想人們對像這樣把人際關係比成交易行為的說法會有所排斥，說不定會有人認為這樣的說法是現實無趣，沒有人情味的論調，我想也會有人知道這種社會性的交易行為理論源自於美國，對美國人實際、現實的思考方式和偏重於物質方面的想法感到嫌惡。

大概也會有很多人這麼說——

「老外是老外，我們是我們，我們的社會最有濃厚的人情味，整個社會是靠人的情感在運作，而不是靠利害關係在運作。」

的確，在我們的社會，情感在人際關係中占有很大的比重，但是，「若將義理和人情擺在秤上一起衡量，義理會比較重。」從這種說法的表現，我們知道，這個人情其實也是可以擺在秤上衡量的，因此在人際關係中，會有因為義理可以讓自己得到較多心理方面的利益（報酬），因而選擇義理的這種行為，是理所當然的。這樣的論點，其實就含有社會性的交易行為理論在其中，所以，即使說這個理論正在我們的社會中運作著也不奇怪，東方人的人際關係，事實上是相當具有交易性的。

上司由於付帳的這個動作，得到了心理方面的利益、好處，一旦是由我去付帳，就會把上司的好處給搶走，因為這樣，我會被上司討厭，而我自己也會損失一筆錢，好險哪！差一點就變成這樣兩面不是人了。

心理專家建議：比起金錢，心理上的報酬更為重要。

Chapter 3.

名譽、金錢、愛情……

——心理報酬的六個種類

「若是考前三名，下次暑假就帶你去迪斯尼樂園哦！」

「不把功課做好，不能開電視看卡通哦！」

這是和孩子的對話。若是將這些內容分析一下，你會驚訝的發現，這些話有很多都是具有交易性質的對話，對這種不高明的教育方法我自己也有些愣住了，你們又是如何呢？

親子關係應該是最感情化、難以計較損利與否，最不含交易性質的一種關係，然而一經分析，在日常生活中雖是親人，卻也有這麼多的交易性質的行為，很訝異吧！

並不是特別要將親子關係說成是含有交易性質的關係，反過來說，若從這種觀點來看的話，我們更能明顯地看出我們的人際關係基礎，怎樣都是在具交易性質的往來應對中形成。

當然，在大人世界裏彼此來往和正式交際中的應對，不會像前面提到的親子間會話那樣直接了當的說出交易條件，大人大概會採取更為間接性、隱藏性、暗寓在言詞中的表現方式，然而，就算表現的方式柔和圓滑，我們還是可以說其間的交易性更為明確，而交易的行為做得比較嚴密，社會對這種交易性質的意味是很嚴格對待的。

因此，對順應我們交易要求的人，我們會和他交往，對不順應的人，我們則拒絕和他打交道，而且，人會選擇和交易條件較為有利的一方來往，也就是人會接近那些在交易行為中能給自己較多心理報酬的人，對這些人也比較會有好感產生——這些現象是可以理解的。

那麼，人把哪些物、事，當做心理報酬來交易呢？根據心理學家的分類，心理報酬的來源有下列六個種類——

一、愛情　二、服務　三、物品　四、金錢　五、情報　六、地位。

而這些，可以分為特定性和具體性三個層面，所謂的特定性，就是指這一類的心理報酬有下列特性——「並非從任一人身上都可獲得，只有特定的人才能給與」，例如愛情這種心理報酬，並不是誰都可以給，只有特定的人給的愛情對自己而言才是一種心理報酬，因為愛情要成為心理報酬有相當的限制，因此，為了要讓此人給與自己愛情這項心理報酬，自己會用任一種的心理報酬去交換，這就是所謂的「失去理智」的交易狀態。

有人會利用自己的美色去謀取自己的利益，甚至也有人會為了利害關係去做出各種不法的行為。相反地，在以金錢為心理報酬的場合，就沒有特定性了，不論是從誰身上得來的金錢，因為「錢上面是沒有名字的」，不論錢來自何人，都還是可以成為一種心理的報酬，對金錢這方面的心理報酬感覺十分強烈的人，大概就會親近可以讓自己得到金錢的一方，甚至可以說，只要這個職業收入多他就會做，不會去在乎工作內容為何。

其次，所謂的具體性就是——這類的報酬是具體的，可以衡量價值的物質，與之相對的就是名譽、地位，重視名譽這類心理報酬的人，對於有助於提升好的風評這類的事，都會打從心裏歡喜地接受。

雖然人們把這六種當成是心理報酬的來源，但是，對那一種最為重視卻因人而異，有人是標準的拜金主義，也有人是愛情第一。因此，想要人際關係能平穩順暢地進行，知道對方對那一種心理報酬最為重視是很重要的，假如不去了解朋友最看重的是哪一種心理報酬，戀人最看重哪種心理報酬，特意地對待或是努力都是徒勞無功。

另外，讓對方知道自己對什麼看得最重也是件重要的事，在彼此了解重視之物為何的情況下，於交換心理報酬的過程中，隨著彼此關係的發展，依賴與好感，也就會彼此產生。

心理專家建議：針對對方的需求，去給予對方需要的心理報酬。

Chapter 4.

令人厭的上司！

──人有嫌惡服從的傾向

「那傢伙明明不行，卻幹上了副理！」

「我們經理根本就是個老狐狸，整天只會嘻嘻哈哈地到處轉，也沒看他做出什麼事！」

在某些酒場，有關上司的談論，大部分都是不好的批評。

「講上司壞話是最為可口的下酒菜，沒有任何一樣東西能比得過它！」然而，其實位居中間管理階層的課長真的是左右為難，雖然是身為課長的身分，為了讓自己的課裡能夠團結有向心力，他還是在為得到課員們的喜歡而不斷地努力著。

不過，這些努力也是枉然，在酒館中所聽到的，對管理階層的評論，沒一句是好的，這是在立場上，也就是組織上，一個無可奈何的現象，管理階級職位，就是一個不受部下喜歡的位置，如果你有幸升上了副理或主任的職位，在舉杯慶祝的同時，「從今天起要被別人討厭了！」──最好要有這樣的覺悟。

就算在今天之前從沒想過為什麼上司會讓人討厭，我想至少在成為上司之際，好好地想一下上司會讓人畏懼的原因，以及和部下們的相處之道會比較好。

首先，在公司或職場等組織中的人際關係以及工作程序上，常常是上司向部下下達指示、命令，而部下依照此指示命令行動的這種命令系統，依此系統在進行工作，組織在以組織運作的情況下，這是理所當然的事，要是部下不依照上司的指令行動，組織的機能就不能順利運作。

然而，人有想要照自己意念自由行動，想要自己為自己下決定的自主欲求，因為這個原因，人會討厭由別人來決定、來支配自己行動，而直屬上司的職務，就是每天地在侵害著自己這種想要自主的基本欲求，就算自己有所主張，一旦上司下了命令：「這樣不行，你去照我說的做！」就非得照著他的指示去做不可。

「因為是上司的命令，沒有辦法不照做……」

當心裏這麼想時，自主的欲求也同時地受到抑制，而留下欲求不滿的情緒，對類似這樣侵害自己欲求的人是不會有好感的，尤其是當己打算要自己著手去做的事被否定，並予以阻止的時候，不僅僅是對本身自主欲求的一種侵害，甚至部下的自尊心也會因此受到傷害，這是第二個理由。

更進一步地，如果把人際關係用優勢和劣勢的觀點來看，大家都明白在接受他人指示，被他人命令的場合中，下達指令的人是處於優勢地位的一方，而接受指令的是劣勢的一方，人不會喜歡自己在和他人來往的場合中處在劣勢地位，特別是男性，他們對這種地位的優劣十分敏感、在意，會想要儘可能地處在比對方優勢的立場，不想居於劣勢地位，因為這點，對來自他人的指示，就算是來自上司的命令，基本上也會感到不快，這是第三個理由。

根據我對人感情調查的結果，在男性方面，縱然對方是比自己地位更高的人，一旦他對自己做出支配的行為，多數的人會有屈辱感，感到憤慨不悅，因此，對做出這種行為的那一人就會感到厭惡，更為甚的，要是受到的是攻擊性的行為，心裏的情緒反應除了屈辱、憤慨之外，還會再加上憎恨、忿怒。

當然，上司對部下不僅僅是下達命令而已，傾聽部下的要求，幫助部下是必須要做的，如此，才能讓部下對自己心生好感，得到部下的尊敬。總而言之，我們可以說上司對部下而言，是一個讓人又愛又恨的對象，不過，部下對上司的厭惡，上司自己往往不容易查覺出來呢！

心理專家建議：若是成為了上司，不要只會「命令」他人。

Chapter 5. 罵人的時候要選在沒人的地方！

——叱責是憎恨的原因

錯誤在工作上而言是在所難免的，沒有一個人沒犯過錯，不論是誰或多或少都有過些許失誤，若是這個過失是可以自己解決的，人在犯下錯誤時會自我反省、並注意下次不要再犯。同時，若沒有被人發覺的話，自己會儘量保密、加以隱瞞。若是自己可以解決的過失，不論付出多少代價，在人前依然會表現出沒這回事的樣子。

不過，有些事將它原封不動的瞞下去，雖然剛開始時只是個小錯誤，到後來卻因此而發展成大的事件。

雖然，對錯誤、失敗的本身我們也很討厭，但實際上我們更加討厭因為失敗所招致的，來自他人的非難以及屈辱，縱然他人對自己叱責，批評的理由很正當，自己心裏也會感到不快，這是因為人都會儘可能地給予自己最高的評價，有自尊心，一旦受到了他人的責備，自尊心就會受到傷害之故。

另外，在被上司叱責、非難的時候，和上司之間的彼此優劣地位，會比在接受上司指示命令的時候差距更懸殊，在犯了過錯，受到叱責的部下眼中看來，上司是優越、全能的支配著，而自己是被人輕視、被蓋上「劣等」印記的無能者，在這般令人不快的場面下，就算理由再怎樣正當，對這個像專制君主一般地攻擊著自己的人，是不可能會有好感的。就算在當時認輸、道歉，對他的厭惡也會一直留到以後，一直持續，我想身為上司，應該對屬下向自己報告錯誤的行為給與讚揚，而叱責，則是簡單扼要為佳，如果是冗長的說教，反而會遭致反感——

「如果那時候……如果沒有告訴他就好了。」

「真會利用機會，故意修理我……」

「這種小事，有必要生那麼大的氣嗎？」

屬下心中會萌生這樣的反感，會對上司感到討厭、憎惡。

尤其是當著第三者或是眾人的面斥責他人的行為，應該要加以遏止。

「當眾斥責」這個行為的本身就讓人討厭、憎惡的，人和組織團體中的每一個人都有各自的優劣關係存在，在一對一的情況下被上司斥責時，還可以用和上司之間的優劣地位關係來處理這個不快的場面，但是，一旦在眾人的面前受到斥責，不僅和上司之間的優劣關係會有更大的懸殊差距，連和所有在場同事的優劣關係，都會因此被瓦解，就等於是在場的所有人都對自己予以侮蔑、非難一樣，這不單只是傷害了在此之前和每一個人建立起來的優劣關係，也會讓自己陷入劣勢的地位。

其實周遭的人是不是有侮蔑輕視的想法我們並不確定，但是至少本人心裏，會這麼認為，「當著大家的面前，被當成是笨蛋似的責罵！」丟臉丟到太平洋去了。

這樣的感覺，和叱責理由是否正當沒有絲毫關連，而是一種強烈的排斥和忿怒的情緒反應。

當眾批評會引起多少倍的反感，必須要好好的考量一下。

心理專家建議：不要當著衆人面前叱責他人，這樣得不到叱責的目的與效果。

Chapter 6. 沒有個人信用，批評就不值錢了！

——全部的信賴

「好在有被他指出了問題，才能即時更正缺失，真是令人感激的批評。」像這樣，經由他人、指點、批評，自己的缺點才得以改進，自己對此人的尊敬會更為加深。

「雖然被揍了一頓感覺很痛，但他的真正用意我能了解，從那時候起，我對他就一直地心存好感。」對體罰的行為予以肯定的這類話語，也時有耳聞。

那麼，人會因為被他人批評、受他人體罰而對此人心生好感囉？並非如此，大部份的時候，這句話的應答是否定的，前面舉的例子是特殊情況，是有條件限制的。這條件就是——接受的一方對對方必須要抱持著絕對的信賴，對對方完全的心服。

人就算是由於正當的理由才會被他人注意，對批評自己的這個人心中也會不以為然，這是很普遍的事。縱使批評對方的動機是為了他好，通常還是會招致對方的厭惡，請想一下這些情況。

如前面所舉的那種例子，那是在接受的一方對批評的一方，抱持著絕對信賴的場合下才會有的情況。

在心理學上我們稱之為「個人特有信用」，這個信用，是隨著從始至今與他人的彼此交往，逐漸積存、培育而來的，長時間彼此心有好感的交往結果，會讓兩人彼此之間存有信賴，即使受到對方的批評，也會以這個批評的本意動機是為自己好，不是對自己予以否定的這種心態去接受。

「個人特有信用」的論點，是將這種信用關係比擬成儲蓄來思考，也就是說，對長時間交往相處的人，信用會像金錢一樣時間越長儲蓄越多，而批評就等於是提領儲蓄，不論數量多少，只要戶頭內還有餘額就無妨。因此，只要信用儲蓄得越多，即使指出對方缺點，信賴的關係還是可以保持下去，另一方面，如果是在第一次見面的時候就這樣做的話，因為沒有任何的信用儲蓄，二人的關係會一瞬間呈現赤字，變得十分危險惡劣。

長時間交往的親人朋友，可以在一面相互消遣對方，在互揭瘡疤的同時，一面享受談話的樂趣，對這樣的會話能樂在其中的原因，就是因為有信用的儲蓄在。

另外，就算沒有長時間的交往，也會有對對方的指正誠心接受的情形，這種情形下，對方必須是自己憧憬嚮往、想要和他一樣的類型，從對方身上，可以找到自己心中的理想形象。

在心理學上，我們稱它做「同一立場」，同一立場的本來模式是——

孩子會對父母的形象有所憧憬，把父母當成是自己的偶像，就比如女孩會想要像母親一樣的女性化，男孩會想要像父親一般地具男子氣概，由於這樣的想望十分強烈，因而思考模式就變得和父親或是母親一模一樣，在外人看來簡直是如出一轍。

在小的時候，像父母一樣讓自己完全信賴的人給予自己的指正，因為是來自偶像的指正，所以不會對它感到厭惡，甚至，會把它當成是使自己向理想更邁進一步的指示。

當你在批評他人的時候，要是你對他儲有「個人特有信用」，或是這個人和你是同一立場的話，你對他的批評、甚至體罰，都會讓他對你的好感有所增加。

心理專家建議：平時就要儲蓄給人好感，這樣批評的存款就多了。

Chapter 7.

第一次見面就要開始積蓄好感！

——個人的特有信用

「美國人在吵架的同時，可以讓感情更為增進。」

有人這麼說，美國青年大肆地毆打著對方，而後卻在滿身泥濘中握手言和的這種情景，在影片中不知道看了多少次，真的是像前面所說那樣。

大人終歸是大人，不會有打架的舉動，但美國人在明確說出自己意見，互相溝通的同時，會經由討論去了解對方，友情也會因而加深，正是所謂的「不打不相識」。

那，我們的社會又是如何呢？雖然「不打不相識」這種情況也是有，可是，一般而言大概不太會因為打架而使友誼加深吧！如果雙方打起架來，情分也會一起被打散，也就是說，這份友誼會就此消失無蹤，或者雙方會因此而變得相互對立！一旦對方變得讓自己討厭，之前的關係就全部付諸流水，很難再重修舊好。

因為東方人崇尚單純化，所以他們會有這種「若是喜歡對方，從一開始就會對他有好感並且一直持續著，一旦變成討厭，不論怎樣的情況都不會再回到原點」的傾向，不論是女方固執也好，是男方倔強也罷，他們不敢改變自己的感情，遵行著從一而終的美學。

從這個角度來看，初期的人際關係、第一次見面的印象或是應對，就顯得格外重要，因為一旦在剛開始給人的印象不好，這個印象會一直影響到以後，因此，在此奉獻各位，要給他人良好的第一印象，在初次見面時，不論如何都不要和對方明確地相互對立會比較好。

此外，一提到這種「個人特有信用」，美國人也不例外，他們也了解為了建立良好的人際關係，在剛開始時和對方友好的接觸，給予對方肯定，認同是必須，而且是重要的。

在初次見面等等這些人際關係發展的最初階段時，因為這種個人特有信用為零，所以當然要非常慎重，要是在第一次見面時，突然冷不防地說出令人討厭的言語、傷了對方，對方會先入為主地對你感到不信任，而後變成懷疑、對你產生厭惡感，然後，這個人際關係即告終止。

所以，在人際關係發展的最初階段，為了先得到這個屬於個人的特別信用，無論有多少的異論，也要微笑相應，心中要以友好為第一。

心理專家建議：第一次來往時，要避免自己的意見和他人對立。

Chapter 8.

網球練習場幾乎都是女性！

——欲求的互補關係

一聽到男孩在哭或是說喪氣話，父母常會說：「你是男生耶！不可以這麼婆婆媽媽哭哭啼啼的，再努力做一次看看！」

有很多母親會這樣地把男孩教育得更為堅強，如果是對女孩，就不會這麼說了。也許是受這樣的家庭教育所影響，又或者是與生俱來的本性使然，不管原因為何，現代社會的男性都會有比女性更為強烈的支配、優越、攻擊欲求，會想要在常人之上，想要主導控制他人，相反地，他們服從和依賴的欲求和女性相比就偏低很多。

舉例來說，檢視一下對人欲求調查的結果後我們會發現，女性喜歡被自己尊敬的人支配、指導，多數女性會因此感到高興，但相形之下，大多數的男性對他人支配自己的行為感到厭惡，即使對方是自己尊敬的人也一樣，心裏會感覺不快，會不想老老實實地照辦，對此人，對服從都會有強烈地不滿和反感。

女性喜歡學習一些技藝的情形，可以想成是這個恭敬欲求的擴大，這些技藝，從茶道、插花，而至網球，高爾夫，雖然項目改變了，但是受自己尊敬的教練啟蒙的欲求，以及在滿足這個欲求時所得到的滿足感是一樣的，因此，雖然在網球場、高爾夫球場上可以看到男女各半的景象，但在網球教練場幾乎都是女性的練習者。

這時，留意一下教練，就會發現教練幾乎全是男性，因為男性的支配欲強，教練一職對他們而言十分合適，雖然網球教練是一項職業，但就算不是以此為業，在高爾夫練習場或是網球場上，也是有很多被稱做「指導狂」的男性存在。

在男性方面，就算自己是個初學者，也會討厭這種指導狂，他們寧願和朋友一起練習，但在女性而言，就十分歡迎。

「指導狂」就是指導欲望高的男性，「受指導狂」就是被指導的欲求強烈的女性，一旦這二者順利會合，不單互相滿足了欲求，技術因此提升，二人間的關係也會順利發展，彼此互生好感，這樣的關係稱為互補。互補關係就像鑰匙和鑰匙孔一樣，一旦兩者十分吻合，彼此會感覺互為一體，由於十分需要對方，兩個人就被緊緊地連結在一起了。

若是對自己的欲求、個性非常了解，一旦找到了和自己有互補關係的人，我們就可以說此人成為自己密友，或是戀人的可能性會很大。

心理專家建議：找一個和自己可以互相滿足彼此欲求的人吧！

Chapter 9.

人不會喜歡給自己麻煩的人！

——社會性報酬和喜惡關係

已經是很久以前的事了，那時，我在看了有關美國女大學生的興趣調查結果後感到十分訝異，因為其中一位竟然是投資股票，在當時有此一說——凡是在美國興起的事物，不論是什麼，數年之後就會在東方在我們這邊掀起流行起來！

果然時至今日，女性對證券、債券這方面表現出的興趣，已經不輸給男人，有一位最近才開始投資股票的女性，說了下面這段有關股票交割員的談論——

「不論這個人再怎麼優秀，沒能讓我賺錢就不及格，我就不會喜歡，若是股價下跌讓我損失，對他也會討厭起來，不過，要是股價上漲，因為滿心歡喜，興致勃勃，對怎樣的人我都會覺得喜歡，人的心思真是不可思議，這可以用心理學的觀點來做解釋嗎？」

雖然會對這位女性十分失禮，但是，這種現象在心理學上是可以解釋的，沒有什麼不可思議，會有這種情形是由於人用非常單純的原理來決定喜惡，人會對為自己帶來報酬的人有好感，會對讓自己遭受損害的人感到厭惡。

人與人之間的相處，並非總是直接地用喜歡或是厭惡的感情來交往，假如是情侶這類的場合，因為關係特別，我們就可以說二人之間的會話或是舉止行動，都是非常直接的以「愛」來相處對待，但是，這樣的場合是例外。通常的交往是在談話進行的同時，也會有幫助、競爭或是對立的感情在。

從自己的角度來看對方，可能對方會讓自己的欲求得到滿足、讓自己的行動得到幫助，抑或相反地，對方會使自己的欲求受到阻礙，會讓自己的行動受到妨害，經由像這樣的相互作用，我們可能會對對方產生好感，或是怒氣、憤慨，這些讓自己對對方有了基本的喜歡或厭惡。

如果自己的欲求被滿足、行動受到幫助，就是從對方身上得到了報酬（好處），因為這種報酬不是金錢，所以我們叫它做社會性報酬。

另一方面，當自己的欲求受到阻撓，行動受到妨害時，就是自己從他人身上得到損失，這叫做社會性的損失。

理所當然的，我們會對給予自己社會性報酬的人產生好感，會對讓自己受到社會性損失的人感到厭惡，所以，這種心理是讓我們對團隊、社會、學校、家族等等自己所屬團體中的成員感到喜歡的重要因素之一，這種說法是因為經由團體活動的相互協助，我們得以向既定的目標邁進，而這其中的相互協助行為，對彼此而言就是一種報酬，一起朝目標邁進的行動會讓彼此對對方的好感更為提升。

但是，就算是在同一團體，如果是在爭權奪利等等的情況在的話，就另當別論了，因為彼此會互相地妨害對方，在這種場合下，容易產生對彼此的厭惡是必然的事。

心理專家建議：與人相處要注意自己是不是會成為麻煩的製造者。

Part 5

每個人都會喜歡和自己同一國的人
——〈內集團性法則〉

同一社團和同班的傢伙，之所以令人感到心安，

是因為彼此都很了解對方的緣故，相反地，對於團體之外的人，

要敞開心胸實在十分困難。因此，初次見面的時候，還是謹慎些比較好。

太過心急的話，不但無法令人發現彼此的共通處，

還會使差異部分提早曝光，令對方再也難以接受。

Chapter 1.

「你會下棋吧？」

——興趣相同與好感

「你會下棋是吧？真是太好了！傷腦筋，最近的年輕人啊，光只會打高爾夫球、網球，連棋都不下了，這樣最好，這樣最好，怎樣？我們馬上就來一盤吧！」

聽到新來的講師也會下棋，老教授可真是滿心歡喜，只要興趣相投，年齡的差距又算什麼，馬上一腳跨過，一副新來的講師深得我心的樣子。

像這樣，當兩人興趣相同或類似時，不只達到認知上的平衡，感到安心、愉快，還能實際上讓自己的興趣活動獲得滿足，所以，對於這樣的一個對象，我們當然會持有好感。

很多興趣，必須要有對手，同伴才玩得起來，譬如，一個人就沒辦法下棋，光一個人擺棋譜，又未免太過無聊，如果沒有對手當局對陣的話，恐怕毫無樂趣吧，這時候，如果有一個人和自己的興趣一樣，就可以滿足自己這方面的需求，而由於對方的興趣同樣在此，他也會很高興地想去從事這個活動，所以這跟拜託別人跟自己玩的情形不同，不會產生心理的負擔，也因此能感覺很輕鬆，也更加深了對對方的好感。

但當興趣不同時，這樣的情況就不會發生了，因為討厭下棋的人，可能原本就不會下棋，所以我們來舉另外一個例子，譬如說，對於不喜歡騎單車的人，對他提出一同去騎單車的邀約，結果這麼做之後，反而覺得自己做了無理的要求，造成個人心理的負擔。「下次不要邀他比較好吧！」

這時，原本自己會樂在其中的騎單車活動，也因被掃興的關係，而使興趣大為減半，在社會化交換理論上指出，人在做某事時，自中玩味所得的快樂及滿足感，稱為「心理的利益」。以騎車例子，掃興的時候，心理的利益自然就減少了，然後為了讓對方開心一點，中途還請對方到咖啡店一坐，當然喝咖啡的錢就得自己來付了，這樣就不只是心理的負擔，還是經濟的負擔呢！整體的利益也更加減少了。

接著下次的機會中，對方就請自己一起去釣魚，其實自己並不太喜歡釣魚，但礙於之前的騎單車事件，又不好一口回絕，這在人情上實在說不過去嘛！這即是社會化交換的現象，但是，像這種犧牲式的交換，大多會造成彼此很大的心理負擔，更得不到「心理的利益」——因此，結局就演變成無法長期的交往下去，很多案例都是只有互相邀約一次，之後就不了了之了。

和上述的情形相比，當兩人興趣相同時，情況就會完全改觀，一起下棋的時候，不但自己的心理獲得利益，也可使對方的需求得到滿足，給予他相同的利益，並且，彼此的心理都不會有負擔，也不用去緊張對方的心情，更何況是一起去做兩人都感興趣的事，而不是拜託別人其它的事，所以一點都不用擔心。

就這樣，當趣味相同的人一起從事其感興趣的活動時，一點負面的因素都沒有，所以從那活動得到的利益，當然是萬分地令人滿意囉，更好的是，可藉此活動增加情感交流，讓彼此更親密，這樣連人渴望親近的基本需求都滿足了，心理的利益就會更進一步地提升了。

所以擁有相同的興趣是形成好感的重要條件，而興趣相投者，彼此也更容易萌生好感，我想這令我們了解到：擁有興趣去從事運動休閒，將是結交朋友、尋找戀人的基本工夫。

心理專家建議：尋找對象，要去尋找能夠進行一起行動的同好。

Chapter 2. 重要的是，先不要被討厭……

——觀念不同與嫌惡之間的關係

假設被才剛認識的人，單刀直入地問到：「喂！你支持哪個政黨？」這時，不知你會如何回答？大概很多人會了為不知如何回答是好，而傷腦筋吧！心中還滿腹狐疑地想：「怎麼問人家這種問題？」

也有可能只因為這樣，就對提問題的人感到反感也說不定。有的人可能沒有特別支持哪個政黨，要回答當然很困難，即使是明確支持某個政黨，也會曖昧地支吾著：「啊！對於現今的政黨，我也並不是很滿意……」

碰到有關宗教，少數民族的問題時，大概也是同樣的態度吧！向剛認識不久的人，坦誠自己的看法會令人覺得不自在，不，實際上，即使是面對自己很熟的人，很多時候也未必會講真話。

也不是說「沈默是金」什麼的，對於不必要坦白的事，刻意保持距離，不去觸犯，在彼此都不甚了解的情況下，慢慢「相識」的方式，才是圓融的處世之道。

這樣說來，不就推翻了態度相同與好感的產生密切相關的說法了嗎？只要彼此信念和對重要問題的態度相同，就會產生。好感的這一套心理學理論，在我們的社會是不能直接套用的，因為在我們一般的交往方式是要在和對方熟稔之後，才可能慢慢了解對方的觀念和態度。

在美國，初次見面的人會清楚地說出各自的看法，彼此開誠佈公，如果意見相同的話，就舉杯同祝，若意見相左時，也能從熱烈討論中得到樂趣，在美國的研究中，發現美國人有這類的特質。

如之前所述，在我們的社會會儘量規避明確地表達意見，以使友情更深遠，但絕對不是毫不在意態度相似與好感之間的關係，相對地，反過來看，應該是更慎重更注意才是，如果將「我們會喜歡態度類似的人」這句話倒過來想，不就是「當態度與人不同時，會被討厭」嗎？因此，為了不被對方討厭，就儘可能不表明自己的立場，免除對立的情勢，當自己的觀念和對方相同時，就予以附和，同時則曖昧地瞎矇過去：

「算了！不要再爭論這個了，今天的重點是……」而改變話題。

用這種方法來迴避嫌惡的關係產生，雖然依循的基本原理是相同的，但美國人的人際關係是以發揮個人魅力為努力的方向，而亞洲人則是以先不要被討厭為志向，由此可見東西方世界的著力點是大不相同的。

心理專家建議：與人交往，要找出彼此意見完全契合的話題。

Chapter 3.

剛開始先與旁的人開始交往！

——大學交友關係的調查

心理學是將人類的心理條理化、規則化的一門科學，有人會質疑——

「人類的心理有可能套用公式而獲得了解嗎？」

就連身為自然科學家的朋友，也會說——

「心理學稱不上是自然科學吧！」

對於心理學的數據化不感樂觀。

諸如這般，他們相信所謂的心理學指的是，佛洛依德或是榮格那一類的深層心理分析，因此，對於心理學者做實驗一事，很多人會大表驚訝，特別是聽到做「社會心理」的實驗時，則更加吃驚，雖然「實驗社會心理學」這門學科的確立，早已超過一百年了，但令人遺憾的是，一般人對它仍是一知半解，當被別人問到——

「您是專攻哪一科啊？」

「社會心理學。」

「是這樣子的啊！是研究文化或大眾傳播的理論是吧？」

即使是了解心理學者需做實驗的人，大概也很難想像，社會心理學者也要做實驗吧！如果和別人提到，做實驗去衡量個人魅力時，一般都會驚嘆地反應：「這項研究真的好有意思喔！」

但另一方面，卻又對實驗的成果感到半信半疑，心中不信賴地想：「實驗室裡做出的結論和現實是不相同的，就是嘛！人類的心理哪有這麼簡單就被摸透？」

就連心理學者之中，也有很多人對這點感到憂心，雖說實驗越純粹、越精專其結果的可信度就愈高，但仍是難免脫離現實的危懼。

像之前所述的類似性和好感關係的實驗，雖然已經很明確地規定出類似問題數，類似比率等實驗的要件了，卻也難免被批評為：「這只不過是紙上談兵罷了，實際的情況又如何呢？」

因此，就社會心理學而言，為了使類似這樣的實驗其可信度更為提高，必須不斷努力，重視實際的現場調查、田野調查才行。

例如，針對類似性與好感的關係，就有一個很有名的田野調查，這個調查選在美國密西根大學的學生宿舍中進行。住進宿舍的學生來自全美各地，彼此都互不相識，然後，對於新生住進宿舍後，如何擴展交友關係，進行訪談加以追蹤調查，並且在學生一入學的同時，就先調查他們對於各個社會問題的意見，以了解其態度。

結果發現，果如所料，在初入宿舍的這段期間，「接近」這個因素，發揮很強的影響力。也就是說，一開始都是跟同一房間的人或是隔壁的人比較親近，這就是之前提到的接近性要素。但是，隨著在宿舍內生活愈久，對彼此愈了解之後，慢慢地會和態度相同的人結交成朋友，再次訪談時發現：入學時，在社會問題調查上意見一致的學生，一一互相點名，成為彼此的朋友。

由此可證明：即便在實際的生活中，「態度相似的人容易成為親友，對與自己意見相同的人會懷有好感。」

心理專家建議：想要得到朋友（戀人）的話，先從自己身旁的人開始，再去找話題投機的人。

Chapter 4.

如果想要交男朋友的話……

——社團成員與好感的關係

「這個大學的男生，感覺好幼稚喔……」

這句對男學生不滿的話，出自一名因運氣不好未考上一流名校，不甘不願進入到這所大學就讀的一年級女生口中。

但是，四年後，在畢業典禮上，這名女學生竟對我說：「老師，我已決定要結婚了。」

「真的？恭禧你！新郎是誰？」

「是社團的學長，之前他就提到，等我畢業之後就馬上舉行婚禮。」

「這樣啊！那我真要祝福你了。」

在談話的同時，我的腦海中不由得浮現四年前，當這個女生還是新生時所講的話，這件事令我深切地體會到：四年的時間，會令人有多大的變化，更令我訝異的是，社團這一類同好會的集團活動的影響力。

鎖定年輕族群為對策的雜誌，常可見到夏天以海邊，冬天以滑雪場為背景的戲劇化邂逅及羅曼史、大篇幅地被刊載，在在地刺激著年輕讀者，所以我想最近這類的交往方式應該比較流行吧！於是就找來學生中成為情侶的兩人，針對他們的認識經過，做一番調查。

調查的結果發現，其中當然不會如電影般驚天動地的邂逅和愛情，但是出乎意料之外，大部分人的戀情，都是樸實而平凡，很多情況是彼此同為同班或同科系的學生，而其中占大多數的則是如之前女學生所說的，在社團中的學長和學妹關係。

所以奉勸在此為自己的形單影隻而悲歎的學生。

「如果想要有個男朋友的話，請加入社團吧！因為，在那裡一定會有體貼溫柔的學長。至於想要交女朋友的人，也請加入社團，持續參加活動一、二年後，一定會有可愛的新社員加入。」

為什麼，大學的社團會擔任起愛神丘比特的任務呢？其中的理由當然有很多，為了令讀者能全盤了解，茲說明以下幾點：

第一個原因是：僅因接觸的頻繁，就能使效果提升，有很多學生是就算不會去上課，也會在社團辦公室露面，所以與其說他屬於某科系，倒不如說他屬於某個社團，在同好會中，會舉辦各種活動，使同一社團的人藉此接觸而發生互動，隨著接觸的頻繁，互動的效果也將更明顯。

其次，同好會中有很多是興趣和運動的社團，而正如「同好」這兩個字的意思，是將興趣相同的人聚集在一起，因此一開始就產生了之前所說的類似性效果，當價值觀相同時，就容易得到他人的支持。

此外，顯然同年級的情侶很多，但一般而言，女孩子理想的對象是大自己二至三歲的男孩子，而男孩子則希望女朋友比自己小二、三歲。

在班級裡大家都是同年級的學生，但在社團裡年齡跟自己相差二、三歲的人卻很多，就這點來看，社團簡直就是由戀人候補者所組織而成的團體！也因此，社團是誕生情侶最適當的場所。

心理專家建議：想要尋得戀人的話，就加入社團吧！

Chapter 5.

社團是誕生情侶的最佳場所！

——社團的內集團化

大學每年九月開學之後，校園裡各個社團，學會招募新人的攤位，並排在狹窄擁擠的場地上，熱鬧滾滾的季節自此展開。其中強拉新生加入社團、學會的。勸誘花招，往往造成不少學生類似的困擾——

「我又不想參加，卻被迫加入了。」

「莫名其妙地就簽下了大名！」

「想要推辭，卻不好意思拒絕。」

但是，就連學校方面也苦於判斷，不知要將尺度界定在何處，話說回來，現在勸誘別人加入社團的二年級學生，在一年前，也曾領受過同樣的招數，而勉強參加了社團。

「會費都繳了，也沒有辦法，暫時先參加看看吧！」

原本抱持著這種想法的學生，哪知道在夏令營結束後，就變成社團的總務或是公關，甚至開始籌畫著來年度要如何招募新生的事。

在加入社團之前和加入社團之後，學生們的想法竟是如此截然不同。

不論是誰，剛進入一個新的團體的時候，確會懷著一顆忐忑不安的心，特別是對這社團裡的人一個也不認識時，一開始就會先樹立起戒心，或許有人曾有這樣的經驗吧！自己對某個社團很有興趣，心裡想著一定要參加他們的活動看看，但是卻怎麼也撇不開心中那份不安全感，在服務的攤位附近再三徘徊，到最後還是放棄了。

這即是人類最原始的本能——對群體之外的事物，會產生危機意識，當此意識強烈運作的時候，會令人採取迴避的行為。

此類迴避的傾向是為了維持生命、保護自己，使在一意孤行時，能急踩煞車，強行挽回，在熱帶平原狩獵，過著原始部落生活的祖先，對他們而言，不熟悉的集團（部族），代表的意義就是敵人，就是危險，在那個時代，值得信賴、能夠推心置腹的，大概只有自己同一部落的人吧？可以說由於幾百萬年的部落生活，使人類對未知的團體，不認識的人，在本能上產生危險的認知，逃避的傾向。

確實有些時候這類的牽制作用會有所幫助，但在現代的社會，這個牽制作用反而成為拓展新的人際關係的阻礙，加入不認識社團時，心中萌生的排斥感，就是一個很好的例子。

但是，如果碰巧有一個認識的人，半強迫地邀請你，使你加入了社團，這個時候，針對集團或集團人員的敵對意識，就會完全改變，就好像錢幣翻面一樣，從集團外化意識，一八〇度的轉變成集團內化意識。

加入社團，成為其中一員之後，經過一段時間，對於自己所屬的集團，會產生十足的安全感，百般信賴，而對於團內的其他成員也會感到非常親近，就好像自家人一樣。

我想社團之所以容易撮合情侶的主要原因，就是這一份親近得有如自家人的感覺，在街上或校園裡，要與不認識的陌生人攀談，是需要很大的勇氣的，一般人大概都做不到吧！

但是同在社團辦公室內，不出聲反而顯得不自然，即使是不相識的兩人，也可以打開話題，就算是覺得跟陌生男子說話很恐怖的內向女生，也因在這地方大家都是伙伴的關係，而能輕易地出聲說話。

社團的優點就是讓彼此最初以這種自家人的感覺為起點，展開交往，這也是形成安全感、信賴感，產生友情和愛情的基本感情，而社團也因為這樣，所以才容易促成戀人、朋友。

心理專家建議：加入社團，就能輕鬆地打開話匣子、交到志同道合的朋友。

Chapter 6.

關係良好取決於「地下人脈」！

——抬面下的人際關係

在職場和團體中常聽到這樣的話：「外表看來非常嚴肅的人，沒想到參加小團體的聚會時，竟搖身一變成為談笑風生的人，真令人驚訝。」

通常人在面對外人的時候，都會感到緊張，身體不由得僵直，再加上若是碰到與工作有關的正式場合，這時為了避免失敗，做出失禮的事，更會壓抑自己，全副武裝地小心應對，但是，若能把對方當做自家人的話，就會感到愉快而放鬆，而脫離與工作有關的事，也能令人安心地表現出原來的自己。

在社會心理學上，稱這種感覺彼此互為自家人的關係為非正式（informal）關係；而與工作無關的私下交往，則稱為非正式交情。這種非正式的交情才是維繫彼此感情的重心，而人們就是藉此更加地親密，輕易地對彼此產生好感。

工作結束後，互相招呼著：「喂！去喝一杯吧！」這就是非正式性的交往，到小酒館輕鬆地喝上一杯後，就此遠離公事而加深了親近友好的情誼，雖然上班族的話題總也離不開工作，但就算那樣也沒關係，因為這裡又不是辦公室，有關工作的話題只不過是下酒的菜肴。

職場中的社團活動與公事也沒有關係，因此也可稱為非正式的交往，而此類的活動因有一確定的目的，所以不愁沒有話題，再加上這個社團本來就是自己個人的興趣，不僅能自得其樂，也因同一社團的人的興趣都相同一致，這時快樂更會加倍，對一起活動的人也會懷著好感。這就是為何每到五點下班之後，平常做事嚴謹、中規中矩的人，全都卸下了面具，開始說著笑話，互相調侃對方。當然，也只有種時候，才能感受到彼此的親切和善意吧！

在公司、機關這類長期性組織中，透過這樣的非正式交往，而形成所謂的非正式集團是相對於公司組織體系表現化，清楚地上行下效關係，所形成的內幕人際關係，稱之為「隱藏式內閣」，也有人叫做地下人脈。

這種非正式的集團和關係雖然表面上看不出來，卻由於私底下友好情誼的互相連結，對整個公司的方針和業務產生很大的影響力。

人是感情的動物，因此在職場上，這類非正式的關係可說是十分重要，不但善意的情感自此而生，也令彼此的關係更進一步。

心理專家建議：要看重非正式關係的人脈。

Chapter 7.

令人產生一體感的團隊

——集團內的同仇敵愾

不管是職棒比賽或NBA籃球賽，每個人中有自己所喜歡的隊伍，統一有統一的球迷，洋基有洋基的死忠支持者，而這些迷哥迷姐也會形成小團隊，最明顯的是湖人隊的支持者可不能跑去芝加哥隊的觀眾台，否則不被K死才怪！

在社會心理學上，稱自己所屬的團體為「內集團」；自己不屬於其中的團體則為「外集團」。

一旦內集團、外集團的關係被界明清楚後，內集團中的人就會感覺彼此一體，而對外集團的人產生競爭意識，有時也叫敵對意識。於是同集團中的成員會互表親切、善意，對集團外的人則抱持著防衛意識、警戒心。

因此，正要加入一個新團體的時候，由於這個團體尚是「外集團」，所以我們會感到警戒、不安，這時自己和團體之間的關係是對立的，但是，只要一加入之後，就變成是在集團之內，於是感到親切而放心，這時團體和自己就融合成為一體了。當然，對那裡的成員也有共生共存的感覺，而愈是非正式集團，這一種整體的感覺就會愈強烈。社團之所以容易誕生情侶，其原因就是以此內集團情感為基石，使集團成員產生團隊意識，能夠推心置腹、互相信賴。

從小學的運動會中我們就能了解到，平時大家都是朋友的孩子們，只要被分成幾個團隊時，這樣的意識和感情就會油然而生，並不是因為主角是小學生才會有這種現象，在公司的運動會及地方的運動會上，同樣的情形也會產生，而且不光只是運動會，總之只要被區分成團隊後，這種集團內同仇敵愾，集團外競爭敵對的意識就會出來。

國家之間，社會之間也都一樣，這稱為內集團偏好性，因此偏好性，將使我們提升對集團成員的好感。

心理專家建議：讓自己喜歡的人和我們有內集團的關係。

Chapter 8.

會偏袒自己集團的成員？

——對內集團的偏好性

「人不知其子之惡」這句話就是告訴我們，人在毫無自覺的情況下，會有偏寵自己孩子的傾向，這類偏好的傾向，不只發生在親子身上，對自己所屬的團體也是一樣。

在社會心理學上，稱這種心理為Group Favorites，譯為內集團嗜好性，或許改稱內集團偏愛性會比較容易了解吧！所謂「人不知其子之惡」的現象，不就是家族這種強固結合的非正式集團，所表現出的內集團偏好性嗎？

這種內集團偏好性，發生在家族、社會這些強固持續的集團上，其效用理所當然會很強烈，但是不可思議的是，人類即使面對的不是家庭，而是暫時性加入的團體，也會產生類似的情感作用，單單只是：「那麼就分成紅白兩組來玩遊戲吧！」

這樣的情況，就能使人對自己所屬的某團產生內集團偏好性，對對手集團則產生外集團敵對性。

為何人類會產生這種內集團偏好性的心理呢？其中之一的原因即是如之前所述的，自人類進化的過程而來。

人類之間有這種內集團、外集團的關係，已超過三百萬年了，面對內集團的安心感，對外集團的敵對心，就好像本能一樣，慢慢在心中生根滋長，這真是令人覺得不可思議。

而身處近代化先進的社會，尤其在大都會中，我們會很頻繁地碰到不認識的人，這時，自遠古流傳下來的原始時代的遺物——對外集團的敵對性和警戒心，就變成令人困擾的事了，畢竟人類邁入都市化的經驗，才只不過短短兩千年左右，要改變三百萬年一直以來的心理傾向，大概不太可能吧！

所以內集團偏好性這東西還是依然健在的，當然現代社會，每個人所屬的集團不像遠古部落這麼地單純、固定，通常集團間會有所重疊，而人的流動性也高。

舉例來說，到過國外的人回國之後，照理說應該變成所謂的國際人才對，沒想到反而變成國粹的擁護者，最近在大學或高中常會舉辦各類的海外遊學團，其目的即在養成擁有世界觀的國際人，但是，很多學生回來之後，卻更加偏好自己的國家，說出：「還是自己國家好！自己國家才是最棒的」的心聲，這是到了國外之後，明確地意識到自己國家為內集團後所產生的現象。

就內集團偏好性這個觀點來作考量的話，人與人之間發生好感的主要因素，即是當兩人意識到彼此有內集團關係時，才有可能更親近，對對方懷有好感，應該說，所屬同一集團的安全感，加上內集團偏好性的雙重作用下，使集團中的成員互相給予對方更高的評價，於是就互相喜歡了。

所以意識到所屬同一集團的強烈意識，是引發好感的試金石，很多案例顯示，在國外留學的人，與同一國家的留學生間的感情，反而比跟外國人還好，就是因為這個緣故。

心理專家建議：讓對方意識到大家都是同一國的。

Chapter 9.

「你也是台灣來的嗎？」

——同鄉意識的形成

兩年前，有一次我在北京出差，天氣特別冷，就與兩個朋友提議去吃涮羊肉，在北京我對涮羊肉一直情有獨鍾，因為肉的品質特別好，配上高度白酒，十分過癮！

想不到吃到半途，隔壁卻傳來一聲——

「你也是台灣來的嗎？」

回頭一看，是個年輕人，正微笑著。

「是啊！台北，你呢？」

「我常駐上海，是板橋來的，今天是來北京看朋友的！」果然身邊還有一位當地人。

人遠在北京，台北和板橋當然沒有距離，其實在國外異地，只要是台灣來的，誰去管東西南北相隔多遠，都是親人……

於是，就邀請他們一起過來併桌，吃好了之後，對方還邀我們一起到卡拉ＯＫ去喝到凌晨一點多，玩得不亦樂乎……

雖然也彼此留下了名片，可兩年多來並沒有再連繫！不過，那個「你也是台灣來的」北京之夜，至今卻仍歷歷在目！

社會心理學上，曾做過之前所說的社會態度類似性和好感關係的研究，研究項目包括對支持政黨、宗教、戰爭等的態度，實驗證明，當這些態度愈相似時，人與人彼此就會愈懷有好感，這個理論可以說是已是一個真理了。

但是，若就我們日常交往的情況來看，好像很少聊到有關支持政黨等這一類的話題喔，這個就是我之前已提過的，我們的社會為了避免因意見不同而令對方產生嫌惡感，總是儘量不使彼此壁壘分明，想辦法附合對方。因此兩人在社會方面的態度是否相同，剛交往的初期是看不出來的。

對於「喜歡態度相同的人」的這一項研究，在美國是以個人的重要價值觀及信念的相同與否，為判斷的基礎；在我們的社會，出人意料地，是以交往初期能否容易找到話題、興趣，活動是否相同，才是產生好感的主要原因。

而且若和信念及態度相比，出生地的是否相同是再明確不過的事，根本無需置疑，信念和態度或許有一天會改變也說不一定，但鄉里卻是永遠不變的，這意味著就同一性給人的安全感來比的話，態度是怎樣也比不上鄉里的，而這份安全感與安定感不就是引發心中好感的基礎嗎？

「啊！你也是台灣來的嗎？」這一樣的同鄉意識，但卻有和同鄉意識相同原理的同窗意識，也就是單只因為畢業於同一大學，或同一高中，就能使初次見面的兩人，產生讀書時本來就是學弟妹關係的親切感，這時，若再被人喊上一聲：「學長！」心中即會感到很安心，好像面對的是認識很久的學弟妹，於是好感就產生了，因為在兩人之間，存在著絕對不會改變，能夠確信的同一性。

心理專家建議：要注意同鄉、同窗的人際關係。

Chapter 10.

內是福、外是鬼！

——內集團懷疑及外集團意識的實驗

「我們是自己人，對方是外人！」也就是指對自己集團內的人，會懷有善意，而對集團外的人感到敵意，嫌惡感的這一種傾向。

針對以上這種傾向，以實驗實際地加以驗證，做過野外研究。

實驗所利用的場地，是以十二、三歲青少年為對象，在戶外舉辦的野生夏令營。在彼此都不認識的情況下，先將來參加夏令營的所有少年，分成兩組人馬。然後為了激發他們對自己隊伍產生團結心，要求他們想出自己的隊名、隊徽、一起搭帳，並表決出集團的規章，選出各隊的隊長。

就這樣，先讓他們結合在一起，產生集團凝聚力之後，開始舉行二隊互相對抗的各種比賽，而贏的那方即可得到獎賞，經過幾次競賽後，競爭更加白熱化，兩隊雙方都誓言定要與對方拼個你死我活。

而這時實驗者又故意設下圈套，使兩隊的情勢更形對立，少年們各個情緒激憤，破壞了對方隊伍的旗幟之後，又來到敵人營地施以奇襲，使得情勢愈來愈緊張。

這時每個隊伍內部、充滿了敵我意識、也開始召開會議、商量對策要將對方全軍覆沒，隊員們士氣高昂、團結一致、感情的凝聚力忽然間爆增了數十倍，也就是說因為受到敵對集團的正面威脅，而強化了彼此內部成員間的好感。相對的，這時對敵人的仇視心也達到前所未有的極至。這即是所謂的「內福外鬼」的心理作用。不僅如此，集團內的組織也開始發生變動，不適任的隊長被換了下來，取而代之的是更具有領導能力的人。

而在實驗的最終階段，也做了要如何使這樣的敵意消解，使雙方少年重新對彼此建立好感的研究，其中之一的解決方法，就是讓兩隊擁有共同的敵人，露營區裡正舉辦全區的棒球大賽，將兩隊湊成一隊一起參加比賽，這樣一來，兩隊就不是敵人了，真正的敵人變成其他的棒球參賽隊。

然後再強化他們彼此隸屬同一集團的共識，這時比起敵對共同合作成為優先要做的事，於是很快地化解之前的仇視情結，互相建立了好感。剛剛所講的情況，不光只限於敵人，當共通的目標出現時，同樣都會發生，總而言之，是受「同一集團的一員、就是同伴」的這種內集團偏好性，及外集團憎惡意識所影響。

合力行動能使共同的利益產生，就是意識到共同能產生共榮，所以促成彼此互相配合行動、產生了對對方的好感。

心理專家建議：和自己喜歡的人懷抱著共同的目標！

Part 6

「喜歡」的心理很奇妙——〈情緒心理學〉

我們人感情的架構，到底是怎麼回事呢？

尤其「喜歡」這一種心情，又是如何發生的呢？

情緒和身體間的連繫真的很強，當感到「喜歡」時，臉會發燙發紅，

馬上就表現出來，要隱藏自己的心情，竟是那麼地難，

但是，可不要認為臉紅是令人丟臉的事，

不妨將它當做信號，把你的情意傳達給對方吧！

Chapter 1.

和喜悅很搭的英雄式歡呼！

——喜怒哀樂、情緒的三個要素

為何職棒選手打出全壘打，回來之後，有時會被隊友把身體抬了起來歡呼，而被人高高舉起，身體就會覺得很快樂呢？那是因為像考中一流大學般的喜悅，不只是情緒上感受很強烈，同時也伴隨著身體的反應，會有一股想要將這份喜悅宣洩出來的強烈衝動，對情緒的體驗，不僅只局限於個人的意識上，身體也會隨之做出反應。

這種現象，不是只有因打出全壘打而高興時才如此，大學落榜時感到悔恨也會發生同樣的情形。此外還有當我們喜歡或討厭某人時，或是一見鍾情下，心中迸發的熱情，或是被暗箭中傷時心中難抑的悲憤，都會一一表現在肢體動作上。在此，先暫時以包含對人喜惡在內的廣義範圍，來介紹心理學上有關感情和情緒的研究，藉以側面心了解一下好惡感覺的引發的情緒反應。首先來介紹情緒基本的構成因素。

怒哀樂各種情緒都包含以下三個要素——

1．情緒上的主觀感受

當我感到某種情緒時，是自己本身真的有那一種感覺。也就是說寂寞時是真的感覺「寂寞」、快樂時真的感到「快樂」，此外生氣、憤怒、害怕、驕傲、害羞等情緒，也是自己會感覺到的事。

理所當然，這些感覺就是影響情緒好壞的重要因素。以對人的好惡當例子的話，就是因為對對方產生好感或愛意，或是對對方感到嫌棄憎惡，才會意識到自己是喜歡還是討厭他。

2．情緒在生理上的反應

生氣到令人怒不可遏時，有一句話叫做「火山爆發！」這是用來形容當人生氣時，脈博加速、腦袋充血的情形，就像這樣，情緒出現時會伴隨著脈博、呼吸、流汗等各種生理反應，所以所謂的情緒化現象，即生理上發生反應是也。而且各種不同的情緒，如喜怒哀樂等，其造成的生理反應各不相同，每種情緒都有它一定的反應模式。

大家應該都有體驗過類似以下的情緒化生理反應——在別人面前覺得手足無措時，會冷汗直流、喉嚨乾澀；觀看球賽興奮過度時，會雙拳緊握，手心冒汗。若就對人好惡這方面來說的話，看到對方心怦怦亂跳、心神頓失，是一見鍾情的現象；若是胸口鬱窒難受，則反應在生理上是嫌惡對方的訊息。

3．情緒的表達模式

當我們懷有某種情緒時，不論我們的肢體動作、臉部表情，甚至是說話方式，都會將這種情緒表現出來，而且針對各種不同的情緒，還有的表達模式，例如，就身體動作而言，令人感覺驕傲的人，走路時目光向上，抬頭挺胸；而憂傷度日者，則是一副低頭垂肩，步履蹣跚的模樣，就臉部表情來看的話，生氣的人眼角會往上挑，高興的人則眼尾下垂。

再就身體全身的敏感度來說的話，害怕或生氣的時候會全身緊張，肌肉僵硬，另一方面，高興愉悅時，則感覺到通體疏暢而放鬆。

以上，就是構成情緒的三要素，針對這三點、心理學者做過各式各樣的研究，同時並提出這三者彼此關係的各項理論，例如其中一個研究就是去探討：是先有喜歡這一種主觀的感受⑴之後，才產生臉紅的生理反應呢？還是因為臉紅⑵之後，才萌發喜歡的主觀意識？

心理專家建議：把感情坦白地表現出來。

Chapter 2.

因爲哭泣而感到悲傷……

——情緒的末稍神經說

人們都說：「因為覺得悲傷，所以才會哭泣。」但心理學者卻認為：「事情並非如此，人是在哭泣之後，才覺得悲傷的。」

對於悲傷或害怕等情緒，以及流淚和發抖等生理反應之間的關係，心理學者威廉・詹姆斯曾提出與常理完全相反的論調，按照常理來推論，總認為是先有情緒（如悲傷）後，才根據情緒做出生理反應，但是詹姆斯的「心理學原理」卻指出——

「一般認為，我們在失去財產時會感到悲傷，然後哭泣；我們在熊出現的時候，曾感到害怕，然後驚惶逃走！而在打人之後，所以……（中略）但是，較合理的說法應該如下所言才是：我們哭泣所以感到悲傷；因為打人所以覺得生氣；因為發抖了所以才有恐怖的感覺。如果光有知覺，但身體上完全沒有反應的話，情緒也將不會有冷熱黑白的分別，單只剩純粹的認知而已。所以就算看到熊會做出需要逃走的適當判斷；被侮辱的時候，也能正確地判斷需加以反擊，但是實際上，卻一點害怕或憤怒的感覺都沒有。」

此項情緒理論，其訴求論點認為四肢及臟腑的末稍神經優先於大腦的中樞神經，所以又被稱為「末稍神經說」。

當詹姆斯此項違反常理的論調，剛一推出之後，就馬上遭到多數人的反駁，反對的人當中有很多是生理學者，他們主張就腦生理學而論，情緒的產生，當然是以中樞神經的刺激居領導地位，這種中樞神經說，廣泛地為世人所認同，自此成為研究情緒的中心思想，歷經一世紀之久，但近幾年來，支持詹姆士末稍神經說的論調及研究實證又陸續出現發表，於是雙方的論辯又開始激烈了起來。

心理專家建議：讓對方心兒怦怦跳，使他產生愛上你的感覺。

Chapter 3.

給人幸福的感覺

——臉部表情和感情的關係

有一類搞笑藝人專門從事模仿的表演，逼真地模仿明星或政治人物或公眾人物等等，在從事模仿工作時，不光只是模仿主題人物的聲音，連動作、表情都得維妙維肖才行，尤其是學做表情時，臉部的肌肉要能不可思議地隨意變換，如此才能博得觀眾一笑，在心理學的實驗中曾請來這些模仿秀的藝人，要求他們做出特定的動作，藉此觀察會有什麼結果產生，當然，這個實驗是與表情有關的實驗。

人高興時會面露微笑，不悅時會愁眉苦臉，以上所言，指的是通常的情況下，我們的臉部表情會隨著情緒而變化。

但是若依據心理學所做出的研究，結論將會完全顛倒過來，並不是因為高興所以做出面露微笑的動作，而是先微笑後才感受到喜悅的心情，意思也就是說，臉部表情的變化會令人感到一定的情緒，為了證明這種說法是否屬實，特地以擅長自由變換臉部表情的模仿秀藝人為被實驗者，同時進行兩項實驗。

第一個實驗：指示被實驗者去回想自己人生當中確實發生的事，藉此具體地去感受驚訝、嫌惡、悲傷、害怕、幸福、憤怒這六種情緒。

另一個實驗，為了使每個人的表情都清楚分明，實驗者讓所有的藝人面對鏡子，按照指示，活動臉部的肌肉，做出規定的表情，這時候，實驗者不會去挑起被實驗者的任何情緒，單單只是發出與肌肉運動有關的指令，讓他們做出微笑或苦瓜臉的表情。例如，發令時不會說：請裝出哀傷的樣子。」而會說：「請眉頭往內用力。」由於實驗者是模仿藝人的緣故，所以這樣一來，應該沒有表情做不出來吧？

然後，將這兩個實驗中，被實驗者的心跳數、左右手的溫度、皮膚電流反應、腕部肌肉緊張度等自律神經作用，分別以電流感應器加以測定做下記錄。

實驗的結果，讓我們發現兩個現象，首先，隨著被實驗者的情緒變化，產生的生理反應也將不同，譬如：比起感到幸福時的心跳數，憤怒和恐怖時的心跳會較快；而覺得憤怒時手的溫度將會比害怕時來得高，這令我們了解到，即使是稍稍不同的情緒變化，也會反應在生理上，引起不同的生理徵狀，很清楚地顯示出，我們的各項舉止，到最後都會回饋在自己的身體上、情緒不同時，回饋的作用也會有所差別。

另一個現象，是在第二個實驗中產生的，當被實驗者做出表情時，以電流感應器記錄下他們的生理變化，結果發現其變化的程度，遠大於第一實驗時憑自己發想而產生情緒的狀況，也就是說，當我們碰到一個萬分沮喪的人，建議他說：「不要副愁眉苦臉的樣子，要笑一笑！」

這一招，在心理學上真的會有效呢！因為人愁眉苦臉的時候，臉部肌肉會很僵硬，自然心情就愉快不起來，而更加沮喪，相反地，露出快樂的笑臉則能製造出快樂的情緒。

以上兩種現象，顯示我們人的表情具有兩種功能，其中之一是將自己的情感狀態傳達出去，令別人知曉，也就是說這時表情成為一種溝通的手段、橋樑，另一種功能則是讓自己能決定個人的生理知覺及主觀意識。

心情不好的時候，請面對鏡子，做出幸福的笑容，這樣一來心情將會開朗許多，如果怎樣都笑不出來的話，就擺出一副臭臉吧！讓怒氣就這樣發散出去，應該很快就會恢復精神才對。

心理專家建議：每天先在鏡前裝上笑臉之後再出門！

Chapter 4.

心兒撲通撲通跳的原因是什麼？

——情緒的二要因說

只要來到喜歡的人面前，心臟就會撲通撲通得跳、臉兒更是滿臉通紅，這種事應該大家都有印象吧！

還有生氣的時候，我們會說：「氣得昏頭轉向！」害怕的時候，則是說：「嚇到胃都抽筋！」

由此可見，當我們感受到強烈的情緒時，會知覺到自己器官所產生的生理變化。

雖然情緒強烈時，確實能體察到生理器官的狀況不同，但是若只有微弱情緒的話，情況以如何呢？心理學的實驗結果顯示：當情緒微弱時，人類將無法很正確地知覺到某些器官的活動變化，有一個實驗，在被實驗者身上裝上電流感應器，加以記錄確實的狀態，然後再由實驗者向被實驗者提出問題，問他說：「你覺得現在自己的心跳是加快，還是變慢呢？」最後再將被實驗者的自設答案與感應器的記錄做一比較，結果發現兩種情形所得到的數據，竟然無法完全一致。

更有學者進一步地對被實驗者施行「察覺生理反應」的訓練，但是，不管訓練的時間有多長，還是無法令人正確地知覺到器官活動的基型，這種事好像是訓練不來的。

根據此項實驗的結果，在現代心理學上，終於能有力地證實：情緒的產生，包括兩項重要的因素，一是生理上有所反應，一是對此種生理反應的認知。

這個說法叫做「二要因說」，強調的是情緒的「主觀」體驗，也就是說，會感覺到怎樣的情緒，主要決取於當事人的自我認知。

照這項說法加以推論，人要感覺到某種情緒，必須配合以下二者才行，一是產生如心跳加快之類的生理反應，二是認知到這種反應代表的意義，及其將引發何種情緒。

二要因說是以這樣的角度去思考：人對於自己生理的反應雖有某種程度的認知但是這種認知卻是模糊而不夠正確，所以單只靠產生了生理反應並無法令人感受到一定的情緒，必須配合上個人對此反應加以解讀的社會化意識，如此特定的情緒才會產生。

就以森林裡忽然出現了一隻黑熊當例子，根據末稍神經說，這時我們會因腳底發麻，心臟急跳而產生恐怖的感覺，但是，按照二要因的說法，還得加上因此反應而意識到情況危急的認知後，恐怖的情緒才會真正產生，所以二要因說主張，要感受到某種情緒，以上二個原因（生理反應及主觀認知）缺一不可！

舉例來說，做體能訓練時，雖然心跳加速，但也僅止於此，不會有任何特別的情緒，此外，光認知到危險卻缺乏生理反應，也只是判斷出「危急」而已，不會有恐怖的感覺。

在談戀愛時情況也是如此，當心臟「怦！怦！」跳時，再加上覺得對方有魅力的雙重作用下，戀愛的感覺就產生了。

心理專家建議：趁著對方心兒猛跳的時候，讓對方說出「喜歡上你」的答案。

Chapter 5. 運動能刺激人的情欲！

——生理反應的功效

之前已經提到過，即使人有顫抖及心跳等生理反應，但是若不能直接與害怕戀愛等特定認知連結的話，仍是無法產生害怕戀愛等情緒，那麼，生理反應對於情緒產生，到底具有怎樣的影響力呢？

依據生理學的很多實驗，至少我們可以斷言：生理上的反應，確實有提升情緒感受度的功能，也就是說，隨著生理反應的程度愈大，人所能感受到的情緒也愈強烈。

有關身體麻痺的情緒研究，可以很明確地證實這種說法，所謂的身體麻痺患者，指的是因為意外事故而被切除部分脊髓的人，研究結果發現，當內臟器官與大腦連結的感覺神經被切除時，將導致人的身體知覺受到了限制。

報告指出，身體麻痺患者其情緒的感受力，在事故發生前後有很大的變化，雖然仍是能感受到情緒，但感受能力卻比以前降低許多。而脊髓被切除大半的人比起只喪失一小部分的人來說，他們的情緒感受力又更加薄弱，由此可見，比起大腦下達指令所傳達的情緒，生理反應更可強化人的情緒感受。

實驗室中的實驗也可證實此項說法，這個實驗首先要求被實驗者去拜訪一個性情古怪的人，讓他們被搞得很不愉快後，再叫他們去做激烈的運動，之後又讓他們去拜訪之前那位怪人，使心中焦躁不安的感受愈被引發出來。

實驗光只單純的比較，在運動前後，被實驗者心中的不快感到底有何差別，結果發現，做完體操後的被實驗者，心中怒意更熾、異常生氣，甚至產生想要打人的衝動，這個現象我們可以將它解釋為：由於剛運動完的關係，使得被實驗者的生理反應更加敏銳，於是超乎平常的怒氣，就這樣被激發了出來。

激烈的身體運動，不只使情緒的感受力增強，也會引發情欲的產生，實驗顯示，做完運動後看色情電影所引起的性興奮，將會高於平常時很多，此外在生理反應敏銳的情況下，男性對自己認為有魅力的女生，會更熱情如火，但相反地，對缺乏魅力的女性，則會更加冷淡，興趣缺缺。

因為運動後女性的身體，和性交前戲終了時的狀態非常類似，這時候體溫會上升，而且乳頭和外陰部等性器會出汗。

當女性快感升高時，這些部位會出汗，就如分泌愛液一樣，因此，性行為的切期階段和運動後的女性，是處於同一狀態。

如果在這時候想捕捉女性的男子，只要對女性稍加愛撫，她應該很快地就會接受。

「身體充分運動即容易燃起性趣的火花，最好是白天進行長距離步行或跑步。運動後的身體，對於他的愛撫特別容易發生快感，這時候最適合發生性行為。」——有位女性如此告白。

也就是說，本來與情緒無關的生理興奮，一旦與由情緒所引發的生理反應結合在一起，將更加強那時情緒的強度，由此我們也可清楚地了解到，生理反應確實有強化情緒程度的功能，所謂的「戀愛最重要的是感覺」，或許可詮釋為：當時是否故對了有效挑起生理興奮感的事，而使戀情更進一步吧！

心理專家建議：約會請在運動完之後，效果會更美好！

Chapter 6.

臉一開始發燙，就覺得是生氣了……

——有關二要因說的實驗

向各位介紹一個與情緒二要因說相關的代表性實驗。

當被實驗者一來到實驗室時，實驗者就向他們說：「今天要進行的實驗，是要測驗出維生素對視力有何影響，所以我想首先為各位做維生素的注射，再來觀察之後的變化。」

當全體都注射過後，實驗者對一部分的被實驗者說明：「這種藥劑注射後，會令人有心跳加速，臉孔發熱的感覺。」但對其他的被實驗者，卻提也沒提有關藥的副作用。

對被實驗者注射的是一種叫做腎上腺素的交感神經興奮劑，所以照理說，經過一段時間藥效產生之後，大家都會產生並感覺到心跳加快及臉孔變紅的生理變化。

接下來，實驗者發給每人一張問卷並說：「實驗仍在準備中，請稍作等待。並請在這個空檔間填妥您手上的問卷。」

在屋裡，除了被實驗者外，還有另外一個人似乎也正等著做實驗，而和他們一起填寫問卷，問卷的內容令人頗不愉快，問的儘是一些很私人的問題，但是被實驗者在出於無奈的情況下，仍是繼續填寫著……

這時，剛剛在房間裡的另外那個人，忽然對這些荒唐的題目發飆了起來，嘴裡大聲嚷著：「這樣簡直是浪費時間，不做了、不做了！」將答案紙一撕，就忿然奪門而出。

發生這樣的狀況，被實驗者將採取何種行動呢？在一邊作答的同時，被實驗者的舉止繼續被觀察著。會是和剛剛那個一樣，表達出自己的憤怒呢？還是無視於他人的行動，仍能保持個人的冷靜呢？

觀察的結果，令我們發現一件很有趣的事，雖說同樣注射了腎上腺素，但有被告知副作用的人及沒有被告知的人反應竟是截然不同，曾聽過「心跳加速、臉孔發熱」說明的人，即使在座有人生氣了，他也不會被激怒、表達出忿怒的情緒，相反地，不知道有副作用這一回事的人，看到別人生氣，他們也跟著生氣了。

為什麼兩者之間會有這麼大的差異呢？

我們可用情緒的二要因說，加以解釋。

知道會發生副作用的人，當他心跳加速，臉孔發燙時，他馬上就會連想到：「啊！藥的作用產生了！」

把生理的變化歸因於是藥所造成的效果，因此就不會有生氣的感覺，另一方面，沒有被告知副作用的人，當同座的人被下流的問題惹毛時，他心中以有相同的感受，覺得這種問題真是太低級了，再加上同時自己的心臟開始撲通、撲通跳，臉也愈來愈燙，於是他就認定這是自己也生氣的徵兆，自然而然就把生氣的情緒發洩出來，就這樣，當生理反應與社會認知此二項要素結合在一起的時候，特定的情緒就會產生了。

我想經由這個實驗，可令我們深切地體認到，情緒的二要因之間，彼此密切的關係。

心理專家建議：要了解情感的運作原理。

Chapter 7. 屬於情侶的迪斯尼樂園！

──戀愛感覺的二要因說

以前，我一直以為迪斯尼樂園是小孩玩的地方，所以到這裡來的大概都是父母帶著小孩吧！直到有一次自己親身經歷之後才知道，迪斯尼樂園簡直就是年輕人的約會天堂。

而且你會發現在園區內的情侶，態度都比平時大方，開放，一看就知道是熱戀中的樣子，說得坦白一點，根本是如膠似漆地黏在一起，似乎好像到了渾然忘我的境地。我有一個大家公認很嚴肅的朋友，自從應小孩要求去過一次迪斯尼之後，每次提及總是很憤慨地說：「那不是個好地方，對孩子的教育會有不良的影響。那裡的年輕人真是太不像話了。」

但是，身為心理學者的我所想到的卻是：或許到迪斯尼樂園有助於戀人情感加溫的現象，可當做情緒二要因說的佐證也說不一定！

我們一到迪斯尼後，就會星際戰艦、海盜船等，一個個刺激的遊戲接連著玩下去，所以會一直保持著興奮的狀態，對小孩及帶小孩前往的父母而言，他們不會覺得是有什麼特別的原因造成這種興奮，只會邊坐邊愉快地高叫著：「坐雲霄飛車真是刺激！真棒。」

「小小世界比較有趣呀！因為裡面的人物都好好笑。」

但是，如果來玩的換成是年輕情侶的話，就會有另一種特別興奮的感覺，一般而言，談戀愛的人總無時無刻不在一起，只要身旁站著的是自己的愛人，或多或少都會產生怦怦心跳，興奮的感覺。而在迪斯尼樂園內，這種興奮感更會加倍，而使戀情更進一步。

這種現象，若是以「情感強度決取於身體反應程度」的原則加以推論的話，確實本來平平淡淡的戀情到迪斯尼一遊之後，都有助情感的加溫，原因出在一般人會將乘坐雲霄飛車的快感，誤以為是由對方引起，而把它錯想為戀愛的感覺。

而且，對年輕情侶而言，這未嘗不是一種令人愉快的錯覺呢？

心理專家建議：各種遊樂園都是一個理想的約會場所。

Chapter 8.

刺激是戀愛的觀光勝地！

——戀情的吊橋實驗

出國旅遊似乎有愈來愈興盛的趨勢，不但價位低廉而且能輕鬆地隨團旅行，是這類活動人氣歷久不衰的原因，世界各國的大航空公司所推出的定點旅遊套餐，就往往供不應求，而最近這種專門以觀光風景名勝為訴求的旅遊行程，更吸引了不少畢業後有志到海外進修的人來參加。

旅行社不愧為眼明手快，馬上就將經營的重點擺在這上面，特地設計出一些很特別的行程來招攬這類顧客，譬如到維也納聆聽一場音樂盛宴啦、到尼泊爾、印度做古文明巡禮啦、或是到喜馬拉雅山探祕等等，此外，由文學及歷史學家導覽，一邊聽取解說、一邊漫步於文化古蹟、歷史巷道的行程，也頗受大家好評。

從事導覽工作必須要有相同的背景才行，上個月，就有一個在旅行社工作的朋友問我：「像心理學這門學問，就沒辦法幫人做導覽喔？」

我馬上不假思索地回答：「那當然是不可能的事。」但事後一想，果真是不太可能，但是世界上就有這麼一個可稱為「例外」的地方。

這個地方就是加拿大的龐古巴，在龐古巴郊外的卡比拉諾峽谷上懸掛著一座很大的吊橋，這個地方，原本就是印地安土著的居留地，再加上有座大吊橋在這裡，於是就自然地成為一個觀光景點。

那麼究竟這觀光勝地與心理學又有什麼關係呢？在龐古巴當地大學任教的心理學教授，曾利用這座吊橋，進行過一項心理實驗，這項實驗可說是情緒二要因說的實證實驗。

大部分的人經過這座吊橋時，由於晃盪得很厲害，所以都會走得東倒西歪，而在危險和刺激二種感覺的雙重作用之下，不論是誰或多或少都會變得比較興奮，也就是說，這時引發情緒的重要原因之一——生理反應已經產生了，然後只要一有年輕的男生走到橋中央，就會被站在那裡的一個女學生拜託說：「對不起！可以幫我做個心理實驗嗎？我正在研究自然環境和創造力的關係，想說在如此優美的環境下，不知會爆發何種創造力？可否請你看完這幅畫後，當場寫下一篇文章呢……？」

於是答應幫忙的男生在看完一幅「我的家人」的圖畫後，就應要求做出一篇文章。寫完後，那名女生又說：「今天因為時間不夠，所以沒有辦法詳細跟你解說實驗的細節，如果您想更一進步了解的話，請打這個電話給我。」於是就把電話號碼給了對方。

其實，實驗的真正目的是想要了解，拿到電話號碼的男生，到底有幾個人會真的撥電話呢？也就是說這時情緒的另一要因——歸屬（社會認知），是否發揮了作用？在過吊橋時生理已產生了反應，這時湊巧又碰到可愛的女生，於是男生就認為生理的反應是由對方那可愛女生所引起，再進一步推想既然自己面對她時會有興奮的感覺，那一定是自己喜歡、迷戀上對方了，所以當然會好好保留那張電話號碼，隔天再打電話給她。

事實證明，在吊橋實驗後確實有很多男生打電話給那名女生，因此情緒二要因說又再次得到證實，這個實驗真的很有趣，下次沒有出國，也可以去南投的天空之橋，試試那座山谷中的大吊橋吧！

心理專家建議：和喜歡的人一起去體驗刺激的事！

Chapter 9. 男生對裸體寫真有何反應？

——認知要因的重要性

「有一個與女體寫真有關的心理學實驗，要不要參加？」

當男性被這樣問時，不知會有何反應？我想有很多人會半感興趣地回答OK吧！不過這個實驗真的可以使情緒二要因說更明確，首先向男學生說明：「實驗的目的是想要了解看完女性的裸照後，會產生怎樣的生理反應。」然後招募自願者參加。

在實驗中也確實放映了十幅女性的裸體照片，而在放映之前，每一位被實驗者身上都被安裝上測量心跳數的測定儀器，然後實驗者就跟他們說：「因為機器是舊型的關係，所以你們大概會聽到自己心跳的聲音，但請不要在意。」接著實驗開始了，隨著照片一幅幅地放映，其間被實驗者一直都會直接聽到自己的心跳聲。

而在陸續播放的過程中，實驗者會發現當自己看到某張照片時，心跳就會明顯加速，這時就算「意識」到這種情況，想要控制自己的心跳也是不可能的事，就這樣，當十張照片第二次重新播放時，大概都能確定其中哪五幅會使自己產生心跳加快的反應。

最後實驗結束的時候，實驗者就說：「你們覺得那一幅寫真的女主角最有魅力呢？請加以評定。」藉此實驗，順便調查每位女主角的魅力指數，隨後又加上一句：「如果有喜歡的照片的話，我們可以把它當做謝禮，讓你們帶回家去。」

那麼到底怎樣的女性讓人覺得有魅力，想要把她的照片帶回家呢？答案是令自己心跳加速的女生，讀者們或許會想這是理所當然的事。心跳加快的原因，當然是因為照片中的女生是自己的理想典型嘛！所以在評定魅力時，給她的分數也最高，她的照片也會令人想帶回家收藏。

可是，這個實驗其實暗藏玄機！

事實上，被實驗者聽到的心跳聲，並不是自己本人的，而是實驗者一開始就設定計畫好的，他們將十張照片的其中五張，任意設定為心跳加快的情況，也就是說，心跳快慢與否，與被實驗者的喜好根本沒有關係。

但男學生們卻不這麼想，自以為聽到的是自己的心跳，所以當某張照片的女性使自己的心跳加快時，就認定自己一定是喜歡她，所以才會有這種反應，相對於生理反應，所做的「適當」判斷，令他將心跳變化的理由歸屬於對方的魅力。

「心跳得這麼快，沒錯！我一定是喜歡她！」

在此情緒二要因說又得到一實際的見證，不過要稍作修正的是，這個實驗顯示，二種重要原因中的「認知」，似乎又更為重要，實驗中的被實驗者，實際上並沒產生任何的生理變化，而是在被設計的情況下，自己有了「心跳聲好大」的想法，於是開始去探究心跳的原因，而做出魅力歸屬於對方的判斷，這令我們了解到，即使完全沒有生理反應，單靠意識的作用，也能令人產生喜歡的感覺。

雖說玩弄技巧會令人有不夠光明的感覺，不過在談戀愛時有時確實有必要施展一下這類技巧，使彼此都更加快樂，所以不妨想出一招妙計，讓對方的生理覺得興奮，而產生喜歡你的想法吧！

心理專家建議：應用技巧、展開戀情的序幕吧！

Chapter 10.

到關島渡蜜月！

——Feeling Good 感受對了的效果

以前只要一提到蜜月旅行，東南亞就是曼谷、峇里島，東北亞就是日本、韓國，不過，最近連夏威夷、關島、澳大利亞這些地方，也都成為具有壓倒性人氣的熱門景點。不論夏威夷也好、關島也罷，他們共同的特色，就是氣候溫暖舒適，擁有一望無際的海洋，令人心曠神怡，如果能遠離工作及周遭人事的紛擾，二個人在此優閒快適的環境下共度數日。不是人生最愜意的事嗎？

從心理學的觀點來看，快意舒適的環境，確實對戀情的加深有很大的幫助，心理學稱這種效果為Feeling Good（感覺對了）的效果，也就是說：在燈光美、氣氛佳，讓人感覺舒適的情況下，我們很容易對在身邊的人產生好感。

反過來說，在高溫多濕、酷暑的環境下，就不太會對別人產生好的感覺，為了證明此項說法，曾做過以下的實驗——

找來一群大學生，給他們看以前的人所做過的意見調查報告，然後再從這份報告去推斷寫報告人的價值觀和性格，做個性判定的實驗，在實驗的時候，特地分成兩個房間來進行，一個房間裡有空調設備、溫濕度適中、感覺非常舒服；另一個房間則是高溫多濕，熱得令人受不了。

在個性判定的程序終了後，實驗者又請被實驗者順便發表對報告中人的感覺及評價，然後實驗才結束。

當然，這個實驗，實驗者真正想知道的是後半部有關的觀感和評價的部分，藉以比較在舒適房間裡學生所做的評價和在難受房間裡的有何不同。結果發現，果然不出所料，在舒服房間裡的學生傾向於對報告中人的評價較高，愉快的氣氛，會帶來正面積極的情緒，因此這時我們也就容易對身邊的人產生正面的情感，也就是容易對對方發生好感的意思。

這個說法是以心理學上最有名，最經典的學習理論做為基礎，而這個理論即是巴洛夫的神經制約說，當我們拿肉給狗吃的時候，讓牠每次都會聽到鈴聲、到最後即使沒有肉，單只聽到鈴聲，狗也會分泌唾液，這個實驗，讓狗將肉及鈴聲連想在一起，久而久之，它對鈴聲就會產生和肉一樣的反應，也就是藉著肉的魅力強制了狗對鈴聲的學習。

而這種制約理論，也可套用在人際關係上。

在舒適的環境下，人就會覺得很愉快，於是把當時在自己身邊的人和舒適的環境想在一起，就進而以為是這個人令自己覺得舒服，而對對方產生好感，特別是它初次見面及彼此都還不太熟的情況下，更是容易受到環境的左右及影響。所以，在初步建立人際關係的階段，見面時選擇舒適的場所是十分重要的事。

當然，年輕人對這點所知甚詳，所以約會時總是慎重的選擇地點，這也是咖啡店、茶館這一類的書籍會大賣的原因，在還未成為情侶的初步交往階段，不妨選擇安靜舒適的場所做為約會的地點，不過若就情緒二要因說來考量的話，稍微興奮刺激的地方也是不錯的選擇，不是嗎？

所以二人單獨相處時，能使戀情加深的良好場所，應是能令人感覺靜謐、舒緩、或是完全放鬆、不受拘束的地方吧！

心理專家建議：約會時，要準備好舒適的空間。

Part 7

當不預期的戀愛產生時——〈自我評價的法則〉

喜歡和自己一點都不像的人並不稀奇。

如果對方和自己的差異越大的話，對對方的憧憬也會越大，

一旦和心中的憧憬的夢中情人接吻後會發現，也不過如此而已，

一味地追求著激烈狂熱的情愛同時，也請用心留意一下，

在日常生活周遭各種不同場合中，開始產生的新戀情，

即使結果是失戀抑或遭受到挫折，都是人生一種的經歷。

Chapter 1.

異國風情女性的神祕感……

——狂熱戀情的幻想性

西班牙的黑髮女郎，充滿著異國的風情，給人熱情、神祕的感覺。

印度人線條深明的輪廓，給人一種深沈的哲學冥想。

北歐人清澄透明的藍色雙眼，給人一種好像要被吸入的純淨。

日本女性知足的淺笑中，給人一種屬於東洋的深邃奧祕的感覺。

我們會像這樣被容顏之美所迷惑，縱使有智慧的人（也是道貌岸然的人）說，看人不是看樣貌，而是心、是內在，然而這些身體的魅力一旦在眼前，身為這類的智者，見了渾身充滿魅力，深具誘惑的美人，在一瞬間，一定也會為之憾動，外表的美、身體的魅力，會喚起我們感官中的某種興奮，觸動我們的心弦。

因為這種興奮是急速而來的，所以它會和喜歡的感覺結合在一起，人的這種情感反應，不只是對人的外貌，而是對全部的事物都有可能產生，人用眼看事物的時候，在感官接收這個事物的同時，也會對它的美給與感覺、評價，這就是人的審美觀，對美的知覺。

所以，在世上有很多的藝術家為這些美麗的事物所魅惑，燃起了想要將這些美麗具體化的熱誠，並為此奉獻出自己的生命，窮其一生的致力於山岳風景、大廈造型、幾何學圖樣、花草樹木、花器等美麗物事的感受、描繪，而在這些美感最頂端的，大概可以說是人類的身體之美。

維納斯的雕像和蒙娜麗莎的畫像就是將永恆的美予以具體化，如果你遇到了維納斯或是蒙娜麗莎一般的人，你會如何呢？（若是女性，請想像一下像希臘的大衛裸體雕像），我想在當時會有胸口憾動、雙頰發熱、興奮不已的感覺，這是一見鍾情的現象，一旦遇到了這樣的人，就會不顧周遭一切地，把此人當成是自己的夢中情人。

所以，也許這種說法對這種狂熱、激烈的情愛有點澆冷水的意味，但是必須要說的是，這樣的情況中，對方給人的神祕感、哲學氣質是看的這人自己認定、並且深信不疑的，然而其實輪廓的深明和哲學的思考能力是沒有關係的，而一頭烏黑的長髮和神祕性之間，也沒有任何的關連。

這些只不過是看的人心中的幻象、假想罷了。

所以，我們可以說，這種一見鍾情的狂熱愛戀，在最初剛開始的階段，是在和自己心目中假想的她或是他相戀，因此，在和對方開始交往之前，就已經和心中想像，認定的對方交往了，然而，經由和真實的對方交往，慢慢地真實的一面會逐漸鮮明起來。

若是想像中的她（他）和真實的她（他）完全吻合一致，狂熱的愛戀就會變得更加地強烈、激昂，不過，要是真實的她（他）和想像中的形象有差異的話，熱情就會急遽快速地冷卻下來。

心中的想像是依照自己的理想形象描繪而來的，然而真實的她（他）終究不過是個人，所以在大部分的情況中，真實的一方和想像中的一方比較起來，都是相形見絀，有很多人在交往後得知了此點，就會為此而感到失望而分手了。

所以說，狂熱激情的愛戀是很難長久持續的。

心理專家建議：不要被心中的假想幻象給迷惑了。

Chapter 2. 與像凱文柯斯納的男性……

——熱情的愛戀和非類似性

在機場等候通關時聽到了幾個女學生在談論著此次出國偶然中認識外國人，幾個女生不停地談論著，青春的臉孔，洋溢著滿滿的興奮之情！

這正是一見鍾情的典型例子，戀愛有像這樣的狂熱情戀和友愛的情戀，友愛的情戀和同性之間友情形成的尋求過程大致相同，隨著接觸次數的頻繁，彼此心意相投，而後日漸親密、在繼續交往的期間發展成了愛戀的感情。

另一方面，狂熱的戀情和上述這樣的形成過程就全然不同，它是一種十分極端的狀況，在初次見面的瞬間，有一種令人感到昏眩的興奮，就好像被人緊緊捆綁住一般的緊張，就如同不得不盲目地跟從他似的深陷於這種感情之中，無法自拔，這就是狂熱的戀情。在這種情感中，無法用因為和對方心意相合，或是因為和對方來自同一地方，而心生好感這種類似定論來做解釋說明，就類似性的理論觀點來判斷的話，黃面孔人應該會喜歡黃面孔人才對呀！

然而，像前面所述陷入狂熱愛戀的女學生，一般愛上完全沒見過、完全不了解的外國人，芳心為其所掠取的事是存在的。像這樣為愛情所俘虜，多數都是在一瞬間決定，正如同神的旨意般地，在偶然間發生，不過，像這樣的感情在平常也並非完全沒有！

舉例來說，在我們這個時代的女性、年輕的時候——說不定至今依然是如此——有不少的人對「像勞勃瑞福」的人、「像史恩康納萊」的人、「像凱文柯斯納」的人，這類的人十分傾心，僅僅看到照片心情就會為之激盪不已，感到興奮異常。

應該會有很多人心中會暗自地想要儘可能地，和這樣的人談一場轟轟烈烈的戀愛吧！在男性方面，對奧黛麗赫本或是瑪麗蓮夢露、黛咪摩兒也會有同樣的想法吧！「若是這樣的人可以成為自己的戀人……」心中會有這種夢想存在。

柯斯納也好、夢露也罷，他們和自己本身沒有一處是類似的，不論是頭髮顏色、眼睛顏色、體形等等全部都不一樣，但是，儘管有如此多的不同，還是會想和他們有狂熱的戀情發生，這個差異不單只是差異，而是一種憧憬！把歐美人當成是自己的夢中情人典型，而理想的對象也是以歐美人為標準。

當這個夢中情人突然間在眼前出現時，就會感到一陣暈眩，對對方一見鍾情，對方和現實中的自己差距越大，就越想夢中的人物，這種興奮的感覺就越強烈，越覺得自己置身於夢中。

雖然，在此是以對歐美的憧憬來做舉例，然而實際上，人有各種因人而異的憧憬和理想，現代的追星族就是最典型的代表，男的喜歡胸部大的正妹，女的喜歡身材高挑肌肉結實的男子，當自己認為終究無法得到的夢中情人出現在眼前，真實地和自己問候時，對自身而言會是一個很大的衝擊，這個狂熱的愛戀引線也會就此點燃。

心理專家建議：一見鍾情就是和自己夢中情人的邂逅。

Chapter 3.

被說是討厭，就是喜歡啦！

——心理的反射運作

被人喜歡就會喜歡對方，被人討厭就會討厭對方，在對人的喜惡中，這樣的相互的「互惠性」是最基本的。

然而，在現實生活中，也有被人喜歡就會討厭對方，被人討厭就會喜歡對方這種不一樣的人，這種人會被別人在背後指指點點地說成是脾氣彆扭、性情乖僻的人，不過因為本來就是個怪人，所以就算被別人在背後這樣指指點點，不但不會有一般人的退縮、畏怯，甚至還會為此感到高興。

其實，縱使沒有這種人存在，在我們的心中也會有一種奇怪的心理在運作，那就是一旦自己被討厭、被拒絕，心裡反而會對這個人充滿興趣，感覺這個人有奇妙的魅力存在，那麼，為什麼遭到拒絕反而會覺得這個人有魅力呢？

在心理學上，是以下面的觀點來考量的，人想要能夠由自己自由地選擇、決定自己的事，因此，一旦某個行動被強制的限定或是某一選擇被拒絕，就會有自己的自由被奪去的感覺，如此一來，就會有想要奪回自由的想法，像這樣遭受拒絕、想要取回自由的情緒運作，我們稱為心理的反射運作，隨著這種心理反射的運作，對這個人會相反的傾向，也就是若遭拒絕，會相反地感覺對方有魅力產生喜歡的感情。

這個反射性的心理運作，經由下面的實驗獲得了證實。

實驗是以唱片公司的市場調查為旨目，對大學生的音樂喜好進行調查，調查為期二天，第一天的項目為四個種類的民謠音樂，在聽過之後依據各個方面給予〇～一〇〇點的喜歡程度評價。在播放之前實驗者對被實驗者告知——「在明天、第二天的調查終了後，唱片公司為了答謝各位，會贈與這四種CD光碟中的一張做為謝禮。」

第二天，實驗者再告知——「為了想要了解一下重覆聽同一音樂，對此音樂的喜歡程度會有怎樣的變化，所以再播放一次和昨天相同的民謠音樂、請在聽的同時，寫下今天的感覺、對它的喜歡程度。」

這時，另外再附帶說明，有關前日允諾的謝禮一事——「當做謝禮的光碟已經送到了，但因為不知是那兒出了差錯四種光碟中的其中一種不在裡面。因為沒有這種光碟，所以就不能送這一種給你們，你們只能從三種之中選擇。」

之後，被實驗者再聽一次與前一日相同的音樂，並同樣地給予〇～一〇〇點喜歡程度的評分。

這個實驗的關鍵在於告知沒有其中一種光碟這件事，當然，這是一種實驗的操作條件，不在箱子裡的光碟在前一日時，受被實驗者喜歡的程度排名第三，因為光碟沒有送到，對被實驗者而言，它就不在謝禮的選擇範圍之內，也就是被實驗者沒有了選擇它的權利，而對這個不能選擇的卡帶，被實驗者的喜歡程度變化就是實驗想要得知的事。

和前一日的喜歡程度有怎樣的改變呢？結果，對選擇自由被奪走的第三名光碟的喜歡程度，比前一日增加了很多，也就是因為心理反射的運作，這個光碟對被實驗者而言，魅力大增！

這種情形，當然不僅在光碟這方面才有，在人際關係也是如此，例如，我們常說女性的「討厭」，就是喜歡的證據，她們會把心裡的真話反過來說，女性技巧地表現討厭，讓被拒的男性反而心生好感，這就是女性由經驗中得知這種反射心理運作，加以利用的例子。

心理專家建議：假裝討厭他，讓他喜歡你。

Chapter 4. 一起渡過難關是好事！

——一體感和親近欲求

就海外旅行來說，糾紛就像是家常便飯，要是有人什麼糾紛都不曾遇到就回到國內的話，這個人大概可以說是十分幸運的人，像班機延遲或臨時取消，到達機場時行李沒跟著來、皮箱被破壞了、遭了扒手、被騙了、買到假貨、旅館被更換了、護照遺失了等等諸如此類，大部分都會有一、兩件麻煩的經歷。

雖然說起這些讓人發笑的旅遊經歷是快樂的，但若是一對經由相親相識的新婚夫婦在海外蜜月旅行、剛要增進彼此關係的時候遇到這些情況的話，就很倒楣了。彼此心情焦躁，對增展愛情而言，不是一個適當的環境，在不熟悉的國外旅遊中，一旦遇到了糾紛，會變得不知該如何是好，像這樣一切都不順心的時候，會呈現欲求不滿的心理狀態，為了要找到發洩不滿的管道，平常溫馴柔順的人，也會不知不覺中變得具攻擊性，對方稍稍的失敗或是問話態度，總是不得已心地觸怒自己，不知不覺中，就會針對這些來責備對方。

同行的人也是一樣地，因為心情處於焦躁的狀態——

「幹嘛要給小費！」

「怎麼準備得這麼慢慢吞吞的！」

等等，會有這樣的口角發生，憤怒的情緒和攻擊性的行動，讓自己對對方產生討厭和憎惡的情緒，並且這種情緒會增加、擴大，在彼此心緒焦躁、心理處於欲求不滿狀態的時候，是不會有喜歡的感覺產生的。所以，新婚旅行或是旅遊這類為增進彼此關係而舉辦的旅行，要有十分充裕的計畫、要在讓彼此感受到舒適優閒暢快的氣氛下進行為佳。

然而，麻煩糾紛並不是只會破壞兩人彼此間的關係，因為遇到麻煩、糾紛而使二人間的信賴更加穩固，愛情更為深厚的、例子也是很多，在年輕時生死與共的戰友，會是一輩子的朋友，糟糠之妻，也就是在勞苦貧困時結合的夫妻，會因而更堅定的連結在一起，一同勞苦、一同忍耐的互為一體感覺，把感情更穩固的繫在一起。

在高溫濕悶的酷熱房間內對他人給予評價，會像前面所述般地對評價的對象不太會有好感產生，這是我們從實驗中得到的證實。然而，因為這個實驗是由數人一齊進行、所以就順便地調查了一下參加的人，對一同實驗的其他人好感程度又是如何。

結果顯示，在如此惡劣的環境下一同行動的彼此，會互生好感，這也許是同病相憐共患難的緣故，總之，因為有互為一體的感覺，好感就因此而產生。

另外，麻煩困難大部分伴隨而來的就是危險，會有自身安全受到威脅的感覺，當心中有這樣的恐懼時，人會有一種想和他人在一起，不論是誰都無所謂的親近欲求，會變得很強烈，這也是一種想要儘可能和與自己立場相同的人在一起，以減少、穩定自己心中不安情緒的想法，這種不安，也是把人和人結合在一起的一大要因。

遇到麻煩是件令人討厭，覺得倒楣的經驗，但是由於這個麻煩，友情可能會因而萌芽產生、愛情也可能會因此而在心中滋長，若是遭遇到麻煩的時候，在生氣的同時，也請換個角度，重新思考一下！

心理專家建議：一同遭遇到麻煩時，除了是增進彼此愛情的一個好時機，也是考驗一個人能有多大智慧去解決它的時機。

Chapter 5.

一個人不敢搭電梯！

——恐懼和親近欲求

當我走到電梯入口前等著要搭乘電梯的時候，一位不認識的年輕女性看到我，一臉鬆了口氣的模樣。

「我認識她嗎？」我心裡想著，正要開口問她「怎麼了？」的時候，她先開口向我說道：「太好了。我正在等看看是否有誰會來呢！我自己一個人會害怕、不敢單獨一人搭電梯，對不起，您可否先陪我一起到八樓去呢？拜託您了。」

這個女性的情形，是一種相當程度的病態，這種人在密閉空間或是高處，不是會因為恐懼而產生手腳發軟，身體發抖，這些抗拒的反應以致無法行動嗎？

但是很不可思議地，一旦和某人，即使是像我這種不相干的人在一起的話，就會感到安心，恢復行動的能力。

一般人大都不會有這樣的病態，但縱使如此，人在感覺恐懼不安時，在心中也會產生想要和他人在一起的這種強烈感覺，在心理學上，這種想要和他人一起的情緒反應我們稱之為親近欲求，所以，當感到恐懼不安的時候這種親近欲求就會升高，只要一有人在身邊，就會安心。

有一實驗證明了這種一旦恐怖情緒升高，親近欲求就會增強，當感到害怕就會想和他人在一起的恐怖情緒和親近欲求之間，有密切關聯性。

這個實驗是以女學生為被實驗對象。實驗室中設置了一個大規模的實驗機器，當參加實驗的女學生們進入時，實驗者對實驗的內容做下面相關的說明——

「這個實驗是想要了解電力衝擊效果的實驗，因此，在實驗進行中的電衝擊會造成相當程度的疼痛，但是不會留下受傷的痕跡。」

像這樣的讓她們知道實驗是要對被實驗者做非常強度的電擊。

在說明後，實驗者對被實驗者告知：「因為裝置機器須要花十分鐘左右的準備時間，所以在這段時間中請在別的房間稍候。」

在這個時候對被實驗者予以詢問：「其他的房間中，有一個人的房間和幾個人在一起的房間，你想要待在哪一間呢？」

其實，被實驗者對這個不經意的簡單詢問所做的回答，才是這個實驗的主要目的，實驗者認為，被實驗者當時已經是處於迫在眉捷非接受電擊的疼痛不可的情況下了，所以這時她們心裡應該會感到恐懼，如此一來，親近的欲求就應該會提高，一旦親近欲求提高，比起一人的房間，她們應該會比較想待在和他人一起的房間內才對，所以這個實驗的結果，實驗者預測得到的回答中，希望和他人在同一房間的答案應該會增加。

為了和有如此恐懼心態的女學生的實驗結果做比較，實驗者也設計了一項以沒有恐懼情緒存在的女學生為實驗對象的實驗。

「因為電力的衝擊非常微弱，所以在實驗進行中不會有疼痛的感覺，只會有些麻癢。」實驗者做這樣的告知，然後再同樣地詢問在等待實驗的時間中，被實驗者想要待在哪一個房間。

實驗的結果，因為電擊強烈而心有恐懼的情況下，多數的女學生表示想要待在和他人一起的房間內，另一方面，因為電擊微弱，不會感到害怕的這一方，女學生們最多的答案是隨便哪個房間都無所謂，對於是不是和他人一起等候這類的事，根本不太關心。

例如，在遊樂場中的鬼屋也是，就年輕女性而言，有許多人會覺得自己單獨進入是很可怕的事，但是，人還是會有想看恐怖事物的好奇心，在這種時候，若和任何一個男性一起的話，「就算害怕也沒有關係。」

因為心裡會有這種想法，就會往裡面走去，當進入鬼屋裡面之後，一個接一個的鬼出現了，由於心中感到害怕，「啊——」

驚聲尖叫，這時，因為親近欲求的提高，女性就會有緊緊抓住男性不放的舉動以取得安心，像這樣在恐懼不安的狀況下，想要和他人在一起的親近欲求會非常地強烈，在這種情況下對自己身旁的人會感覺到有安全感，會由衷的信賴，當二人的恐怖、不安就此消退之際，就是彼此情誼更進一層的時候了。

心理專家建議：帶她到刺激的地方玩，可以增深彼此的愛意吧！

Chapter 6. 一旦擁有自信，就能出擊成功！

——自我評價和示好行動

贏了比賽、通過考試資格、業績上升、升職、工作完美達成……

當這類的心願達成、做到的時候，人必定是滿心歡喜、手舞足蹈、感覺自己十分充實。「成功！」會想要擺一個精神飽滿的姿勢吧！這種時候，對自己的自我評價增高了，會覺得任何事都會順順利利，甚至還會因此而採取更積極的行動。

曾經，我有一個朋友在完成一篇最新的研究報告時：「好！就憑這股勁兒打電話給心上人吧！然後再約她出來，好！就這麼決定——就用電話向她求婚吧！」

如此一股作氣地採取了積極主動的行動，結果，隨著這個積極策略的實行節奏、一步步地，二人成為了一對，最後二人結為夫妻。他的個性向來內向，想法消極，是一個老實、認真的人，就連周遭的人，都會不斷的勸他「要再採用更積極的攻勢」，但是，只有在當時，他因為研究報告順利完成，所以心中充滿了十足的自信。

像這樣當自己感到充實，情緒激昂的時候，會覺得自己是全能的，任何事都會進行順利，因此，平常總是躊躇猶疑的行為，也會變成積極的行動，平日想要傳達心中的愛意，卻因為怕受拒絕而失去表白機會的人，在這樣的時候也能夠積極的接近、用言語與行動明確地傳達自己心中的愛慕之意。

在心理學上有一個為了解「自我評價高低」和「對人表達好感」之間是否有所關連的實驗，在心理學的實驗中，一提到要如何提高或降低被實驗者心中對自己的評價——雖然這對男性同學而言有點殘酷——就會採用進行性格測試、然後再將測試結果告知的這個方法。

在告知性格測試的結果時，如果是要提高被實驗者對自己的評價，實驗的欄目會給予下面的評價：「你的性格真的是太優秀了，也許你自己本身沒有查覺，但是你在創造能力、協調能力、領導能力各方面，都有很驚人的優異潛能。」

如此一來，男學生在心中給自己的評價就會增加，心中就會有充實的感覺。相反地，如果實驗者想要降低被實驗心中對自身的評價，他就會說：「雖然有點難以啟口，但是我還是得說——測試的結果並不太好，你的性格上有相當多尚未成熟的地方，而且，也缺乏協調性。」

給予這些負面的評價，男學生會因此降低對自己的評價、陷入自我嫌惡的狀態。

之後，在紙上詢問這些男學生對一起參加測試的女學生們的喜歡程度，結果顯示，自我評價上升的男學生所做的回答，是對具有魅力的女性表示出非常的好感，並且想要提出邀約，而對不太具魅力的女性則不表興趣，另一方面，自我評價下降的男同學，不論同席的女性是否具有魅力，他們都表示喜歡，感到興趣。

換句話說，我們可以得知當自我評價升高的時候，會積極地接近對方採取行動，而當自我評價變低時，相對地對對方的評價會變高，會感覺不論是誰都很優秀，對誰都會有好感。

因為如此，不論自己的自我評價上升也好，下降也罷，都可以說是產生好感的大好機會，在實驗中提升或是貶低被實驗者對自身的評價這種行為是不適當的，但是，在實驗中，用行動就可以左右他人心中的自我評價高低的這個結果，不論是好是壞，都為我們上了一堂有關促進人與人之間友好關係的課，簡單而言，可以說自我評價低的時候，對對方會產生好感，自我評價高的時候，會將好感付諸於行動。

心理專家建議：乘勝追擊！

Chapter 7.

失意反而容易陷入愛情！

——自我評斷和接受包容

誰都會有覺得自己差勁的時候，例如，當得知入學考試或面試落敗時的震撼，或是被指正錯誤、被責備時的自我嫌惡都是相當嚴厲的自我打擊，然而有不少人是這麼說的——失意的人最容易陷入愛情。

如果是沈浸在失戀痛苦中的人，機會就更大了

「我已經不想再談什麼戀愛了。」

大概失戀的人會想要這麼大叫吧！可能連叫出聲的精力都沒有，失戀是一個沒有藥可以醫治的病，但是，有不少例子是失戀的人很快地就找到了新的戀人，又再次地陷入愛情，讓周遭的人為之訝然。

當自我評價低落，陷入低潮的時候，會被好像再也無法與人相戀，沒有心情戀愛的這種愁苦情緒所包圍，但是，在現實情況中，當自我評價低下的時候，卻意外地反而會有新的戀情產生，會交到新的朋友。

這個理由之一，是隨著自我評價的降低，相對地，對對方的評價就會提高，會感覺對方比自己更為優秀。這時，一旦對方向自己表示好感時，會覺得，「他怎麼會對我有這樣的好感？」

會有如此非常感激的想法，在感謝之餘，「這在我來說已經是很不錯的了。」就會接受對方的心意。

換言之，當自我評價低的時候，雖然自己沒有接近他人的魅力，但相反地，心理可以說是處在非常容易接納他人的狀態，因此，在這種時期，會容易陷入愛情，或是結交到朋友。

有實驗調查過，女學生隨著自我評價的降低，對外貌英俊的男學生所抱持的好感是否會有實質的上升，實驗和前面所述自我評價的操作方法相同，也是進行性格測試，然後將測試結果告知，因為目的是要降低被實驗者心中對自己的評價，所以故意地告知測試結果顯示其性格不佳，之後，再告訴她在接下來的面談之前，請在另一房間內稍侯。

在等候時，一位外表英俊的男學生向這位被告知性格測試結果不佳、沮喪地等候著下個面談的女學生攀談，「我早先在哈佛就讀，今年才轉入了史丹佛……」

如此地開始介紹著自己，在聊了十四、十五分鐘之後，對這位女學生提出邀約：「這個週末，如果可以的話，可否邀請妳和我一起去聽演唱會共進晚餐？」

然後，觀察這位情緒低落的女學生對這位積極的男性會有怎樣的好感產生，實驗的結果明顯地顯示：和那些被告知性格測試結果為普通，心中自我評價沒有變化的女學生們比較起來，被告知測試結果不佳，心中自我評價下降的女學生們這一方對這位英俊男子會較有好感。

我們由此可知在情緒陷入低潮時，果然是比較容易接受他人對自己的好感，當然，我們沒有必要把自己陷入情緒低落的狀態，但假若遭遇失敗、心情沮喪的時候，也可以想一想，這正是產生友情、戀情的時機，說不定真能實現也未可知。

另外，當自己喜歡的人情緒陷入低潮時，就必須更積極地在他身旁，並予以幫助。雖然對方本身沒有接近他人的動力，但他心中一定會希望有人來接近他，因此，這時的他會十分容易去接納接近自己的人，這時，一定會有戀情產生。

心理專家建議：當對方心情正低落的時候，正是加深感情的時候！

Chapter 8. 患難見真情！

——不愉快經歷的共有性

這是以前在柏克萊大學留學期間所發生的事，因一是第一次的留學經驗，所以我對美國社會的習慣風俗全然不知，總是仗著一股年輕的衝勁去處理事務，所以麻煩、問題是一直不斷，其中有很多是有關車子的，最麻煩的一件，就是殺價買下的中古車，但車況卻不如預期那麼順利，而且，還真是壞得不是時候。

當時，室友的父母從台灣來看他，我們決定要開我的車出去，一起到對岸的餐廳用餐，順便兜風，然而一下了高速公路、到達海岸的時候，車子就拋錨了，對千里迢迢從台灣來的一對老人家而言，特地安排的餘興節目就這麼吹了，真得是覺得太對不起他們了。幸好，附近一家超級市場的中國人老闆，專程地將車駛出，送我們回到對岸的柏克萊，不過，正所謂因禍得福，多虧了這次的事件，我和這個家庭一下子親近了起來，並且在那之後來往變得十分頻繁，他變成了我在柏克萊這段期間最要好的朋友。

心理學的實驗也對這點予以證明，換句話說，不愉快的遭遇雖然會讓人置身於困擾之中，但這個不愉快的遭遇卻會讓一起經歷的彼此，互相產生親切感，變得重視對方。

實驗是以「刺激干擾對工作效率的影響」為名目來進行，被實驗者二人互相面對面執行一同按下手邊按鈕來點亮電燈的作業，這個作業中的刺激干擾就是被實驗者在作業中會被電到三十多次，是個不輕鬆的實驗，在實驗進行中設定二種情況，一種是互相面對面一起作業的二人都同時被電到，另一種是同時作業的二人之中，只有一人被電到，另外，也設定二人都沒有被電到的情況。

之後，當實驗結束後，有五分鐘左右的時間，實驗者會離開當場，讓被實驗者一人彼此有單獨在一起的機會，在這段時間中，實驗者透過單面鏡（可以看到對方，但對方看不到自己）觀察二人的行動。

從這個結果得知，在二個人都有被電到的情況下，共同遭遇到困難，心中就會對彼此產生好感。

大多數的被實驗者會向一同作業的另一人詢問，並互相交談一些有關自己的事，另一方面，在只有一人被電到的情況下，沒有被電到的一方雖然也會和對方交談，但會話中的內容就不是有關個人的事，而是一些不著邊際的話題。在二人一起被電到的情況下，被實驗者的會話中多為有關個人的話題，這就表示了隨著一起經驗不愉快的遭遇，彼此會互有好感，會採取友好的行動。

另外，當五分鐘的自由時間程度，實驗者再度出現，用書面詢問被實驗者彼此對對方的魅力評定，以及喜歡程度，由其結果中得知，一起被電到的一組，彼此對對方都有好感，這證明了一同遭遇麻煩、問題時，彼此心中會有好感產生。

那些在年輕時候一起同甘共苦的朋友，我們對他們的友情是一輩子也不會改變的，年輕的時候縱使吃苦也要堅持下去這句話，若是從友情的觀點來看，大概是在說：在年輕時只要是和朋友一起，就可以渡過難關吧！這道理就說明，為什麼一起當兵的，退伍之後仍然會保持良好的交情。

心理專家建議：一旦一起經歷困苦，友情就會更為深厚。

Chapter 9.

「請幫我搬一下行李！」

——援助和好感的相輔關係

「請幫我把行李搬到車上去！」

一位像是來自南美洲的黑髮女子，一副理所當然的架式向我這麼說，在國外旅行的時候，誰都會有大型的行李箱，當行動的時候，要搬動這些行李箱是很吃力的事，因此，在我自己也有一定行李的情況下，這個請求讓我感到十分為難。

但是，基於男性應該要有的風度，我沒有拒絕，就照著她的請求，將她的行李搬運到車上，外邊的氣溫寒冷無比，但我卻已經汗流浹背。

之後，當搬完了行李時，我休息了一會，感覺滿身是汗，全身舒暢，然後不可異議的，我對那位要我幫忙她搬運行李的女性竟一下子有了親切的感覺，無庸置疑地，在大巴上我們就坐在一起了。

被拜託幫忙搬行李心裡會感到親切？當我一為這種心理狀態感到奇怪時，援助和好感的心理學實驗在我腦海中浮現：「果真是如此啊！真的有這種事啊！」

我又是恍然大悟、又是哭笑不得，自己一個人就這樣的苦笑了起來。

參加實驗的情況，是在事先有約定要支付酬勞的情況下招募參加者的，在實驗室中，進行一定的心理學實驗，之後，於實驗終了時，當然就支付酬勞、就此解散，（酬勞的高低是這個實驗的控制因素），這時，實驗者說了下面這段話——

「向各位拜託一下，其實，這個實驗的酬勞是用我自己的錢支付的，因此，資金都已經全部用光了，雖然我還想再進行一項實驗，但是我已經沒有經費了，如果可以的話，各位今天所得到的酬勞可否捐贈出來呢？如果能夠如此的話，我真的是萬分地感激。」如此地請求被實驗者將得到的酬勞退回，大部分的人都會回應這個請求把酬勞退回。

之後，再測試參加者對這個實驗者的好感程度，結果得知，退回的酬勞金額越高，此人對實驗者的好感就愈強。

在對人心理學上有此一說——一旦給予某人援助或施予恩惠，對此人的好感就會增加，這個實驗就是為了要證實這一點，理由如下——

人通常不會幫助或是施惠給自己討厭的人吧！因此，會愈不想給予幫助對方的心態，相反地，對自己喜歡的人就會有想要幫助他，給他恩惠的念頭。

這麼說來，要是一旦自己幫助了某人，助他一臂之力，這種行為就和自己認為此人討厭，對此人沒好感的想法互相違背了。

因此，基於某種反射心理，在幫助他人、給予援手的時候，腦中浮現最鮮明的念頭就是（在心理學上稱之為相輔關係）對得到自己幫助的那個人有好感，並同時會有些微的親切感覺。

這教導了我們：幫助他人，照顧他人，是讓自己去喜歡他人的方法之一，雖說任誰都會想要去幫助自己喜歡的人，但隨著這些幫助的付諸實行，對對方的好感會益發地增加，這是我們可以預期的。

另外，反過來說，自己喜歡的人拜託自己的同時，也就是對方在告知對自己的好感，如果不要顧慮自己會不會被討厭什麼的，大方地去請求他人幫助，根據相輔關係理論，這個人一定會對你產生好感。

請求援助，除了得到幫忙之外，還會受到他人的喜歡，可以說是追求對方「一石二鳥」的方法。

心理專家建議：向自己喜歡的人請求幫助吧！

《終》

國家圖書館出版品預行編目資料

逆向思考心理學／林郁主編 -- 初版-- 新北市：
新潮社文化事業有限公司，2023.04
面； 公分
ISBN 978-986-316-870-6（平裝）
1. CST：戀愛心理學

544.37014 112000779

逆向思考心理學

主　編　林郁
企　劃　天蠍座文創製作
出　版　新潮社文化事業有限公司
電話 02-8666-5711
傳真 02-8666-5833
E-mail：service@xcsbook.com.tw

印前作業　東豪印刷事業有限公司
印刷作業　福霖印刷有限公司

總 經 銷　創智文化有限公司
新北市土城區忠承路 89 號 6F（永寧科技園區）
電話 02-2268-3489
傳真 02-2269-6560

初　版　2023 年 6 月